Coleção Bibliofilia 6

DIREÇÃO

Marisa Midori Deaecto
Plinio Martins Filho

A Vida Notável e Instrutiva
do
Mestre Tinius

Editor
Plinio Martins Filho

Conselho Editorial
Beatriz Mugayar Kühl
Gustavo Piqueira
João Angelo Oliva Neto
José de Paula Ramos Jr.
Leopoldo Bernucci
Lincoln Secco
Luís Bueno
Luiz Tatit
Marcelino Freire
Marco Lucchesi
Marcus Vinicius Mazzari
Marisa Midori Deaecto
Miguel Sanches Neto
Paulo Franchetti
Solange Fiúza
Vagner Camilo
Walnice Nogueira Galvão
Wander Melo Miranda

Diretora administrativa
Vera Lucia Belluzzo Bolognani
Produção editorial
Millena Machado
Assistente editorial
Carlos Gustavo A. do Carmo
Gerente editorial
Senise Fonzi
Vendas
Luana Aquino
Logística
Alex Sandro dos Santos
Ananias de Oliveira

SERVIÇO SOCIAL DO COMÉRCIO
Administração Regional no Estado
de São Paulo

Presidente do Conselho Regional
Abram Szajman
Diretor Regional
Danilo Santos de Miranda

Conselho Editorial
Áurea Leszczynski Vieira Gonçalves
Rosana Paulo da Cunha
Marta Raquel Colabone
Jackson Andrade de Matos

Edições Sesc São Paulo
Gerente
Iã Paulo Ribeiro
Gerente Adjunto
Francis Manzoni
Coordenação Editorial
Clívia Ramiro
Cristianne Lameirinha
Jefferson Alves de Lima
Produção Editorial
Simone Oliveira
Coordenação Gráfica
Katia Verissimo
Produção Gráfica
Fabio Pinotti
Ricardo Kawazu
Coordenação de Comunicação
Bruna Zarnoviec Daniel

JOHANN GEORG TINIUS

A Vida Notável e Instrutiva do Mestre Tinius

Tradução
Maila Karen Thielen Reisewitz

Apresentação
Lincoln Secco

Posfácio
Marisa Midori Deaecto
Felipe Castilho de Lacerda

Copyright © 2023 Maila Karen Thielen Reisewitz
Direitos reservados e protegidos pela Lei 9.610 de 19.02.1998.
É proibida a reprodução total ou parcial sem autorização,
por escrito, das editoras.

Dados Internacionais de Catalogação na Publicação (CIP)
(Câmara Brasileira do Livro, SP, Brasil)

Tinius, Johann Georg, 1764-1846 –
   A Vida Notável e Instrutiva do Mestre Tinius / Johann Georg Tinius;
apresentação Lincoln Secco; posfácio Marisa Midori Deaecto; Felipe Castilho
de Lacerda; tradução Maila Karen Thielen Reisewitz. – Cotia, SP: Ateliê
Editorial; São Paulo: Edições Sesc São Paulo, 2023 – (Coleção Bibliofilia, v. 6 /
direção Marisa Midori Deaecto e Plinio Martins Filho)

   ISBN 978-65-5580-060-9 (Ateliê Editorial)
   ISBN 978-65-86111-85-9 (Edições Sesc São Paulo)
   Título original: *Merkwürdiges und lehrreiches Leben des M. Johann Georg Tinius,
Pfarrers zu Poserna in der Inspektion Weissenfels. Von ihm selbst entworfen*

   1. Biblioteconomia e ciência da informação 2. Bibliofilia 3. Bibliomania
4. Livros 5. Teólogos – Alemanha – Autobiografia 6. Tinius, Johann Georg,
1764-1846 I. Secco, Lincoln. II. Deaecto, Marisa Midori. III. Lacerda,
Felipe Castilho de. IV. Título V. Série.

22-102136   CDD-922

Índices para catálogo sistemático:

1. Teólogos : Autobiografia   922

Maria Alice Ferreira – Bibliotecária – CRB-8/7964

Direitos reservados à

Ateliê Editorial
Estrada da Aldeia de Carapicuíba, 897
06709-300 – Cotia – SP – Brasil
Tel.: (11) 4702-5915
www.atelie.com.br
contato@atelie.com.br
 /atelieeditorial
blog.atelie.com.br

Edições Sesc São Paulo
Rua Serra da Bocaina, 570 – 11º andar
03174-000 – São Paulo – SP – Brasil
Tel.: (11) 2607-9400
edicoes@sescsp.org.br
sescsp.org.br/edicoes
 /edicoessescsp

Foi feito depósito legal
Impresso no Brasil 2023

SUMÁRIO

Apresentação – *Lincoln Secco* ◆ 9

A Vida Notável e Instrutiva
do Mestre Tinius ◆ 15

Posfácio – *In Dubio Pro Reo*: Sobre *A Vida Notável e
Instrutiva do Mestre Tinius –*
Marisa Midori Deaecto e Felipe Castilho de Lacerda ◆ 47

Notas ◆ 79

Seleção Bibliográfica sobre o Mestre Tinius ◆ 93

APRESENTAÇÃO

Lincoln Secco

A paixão pelos livros acomete cedo. Depois de uma atividade febril de leituras, surge a compulsão. A maioria dos amantes passa pela vida numa linha incerta entre a prudência e o descomedimento. Domado, o sentimento adormece recôndito na forma de um amor constante. A excitação por vezes desperta na lembrança de volumes que podiam ter sido, mas não foram.

Há os que passam da bibliofilia à bibliomania. Johann Georg Tinius (1764-1846) foi um desses. Meu encontro com sua história deu-se numa pequena edição italiana encontrada num sebo paulistano. Não era uma obra de Tinius, mas do historiador Luciano Canfora: *Libro e Libertà*[1]. Ele nos diz que o bibliômano gastou seus vencimentos, a fortuna de sua falecida esposa e também o dinheiro da segunda. Insaciável, desviou as ofertas da igreja da qual era sacerdote e, enfim, voltou-se ao roubo e ao assassinato, até ser descoberto. Cumpriu pena até 1835 e escreveu áridos livros de Teologia, como um estudo sobre o Apocalipse. Faleceu em 1846.

O livro que se vai ler é a autobiografia na qual o Pastor Tinius exibe sua trajetória sem tocar nos crimes que cometeu. Trata-se do único documento de um bibliômano da sua época, mas sua narrativa guarda ainda outro valor para a História.

A luta por arrancar alguns vinténs de aristocratas e burgueses; a insistente lista de pessoas que lhe deram um prato de comida; a necessidade de ajudar a família; e a espera por bolsas de estudo miseráveis. Tudo isso constitui o retrato de uma

---

1. Ed. bras.: *Livro e Liberdade*, trad. Antonio de Padua Danesi, São Paulo/Rio de Janeiro, Ateliê Editorial/Casa da Palavra, 2003.

APRESENTAÇÃO

sociedade na transição do mecenato instável à reprodução capitalista das artes e das ciências.

Quem lê autobiografias da mesma época, como as peripécias do libretista Lorenzo Da Ponte ou mesmo as *Memórias* de Casanova, este outro artista (porém, em campo diverso de atuação) e que encerrou sua vida como o bibliotecário de um nobre na Alemanha, reconhece aqui a vida material do Antigo Regime, pobre e ainda intocada e, especialmente, as agruras de uma existência sempre dependente e incerta quanto ao dia de amanhã.

Tinius precisava lutar pela vida como qualquer professor ou estudante pobre. Jovem, ele perfazia longos caminhos *sem eira nem beira*. Os seus dois casamentos aparecem rentes aos cálculos da vida material. Se o amor entrou na conta, não sabemos. Possivelmente, ele considerou as possibilidades que o matrimônio lhe traziam para adquirir mais livros. Mas quantas uniões não sopesam bens materiais e espirituais? E nada melhor que um livro para unir essas duas dimensões.

O traço mais marcante do relato, particularmente para os bibliófilos, estará escondido. Há insinuações, como a alusão ao primeiro livro de Tinius e que se lhe fez algo caro por toda a vida… Embora nosso autor quisesse salvar a reputação, o desfecho já se insinuava nas entrelinhas. Na urdidura da narrativa pode-se reconhecer aquilo que se perde nas fronteiras imprecisas do amor e do vício.

No mundo dos livros, Tinius não é único, como atesta o exemplo do livreiro Don Vicente na Barcelona oitocentista. Ele matou para possuir uma obra rara. Tipos tresloucados assim suscitam justa repulsa. Contudo, há bibliômanos como o estadunidense John Gilkey, cujas faltas tocam a propriedade e não as pessoas. Ele furtou livros porque acreditou que os merecia. Não desejava vendê-los. Por indesculpáveis que bibliômanos possam ser, o que desconserta é a paixão que os move.

E por fim, uma nota sobre a tradutora. Maila Karen Thielen Reisewitz (1939-2023) estudou letras anglo-germânicas no Rio de Janeiro enquanto frequentava Clarice Lispector e Manuel Bandeira, além das rodas da bossa nova. Foi leitora a vida inteira. Por insistência minha, aceitou traduzir este livro nos seus derradeiros anos. Ela o fez pacientemente à mão num fugidio papel de seda.

Merkwürdiges und lehrreiches Leben des M. Johann Georg Tinius,

Pfarrers zu Poserna
in der Inspektion Weißenfels

Von ihm selbst

entworfen

Mit einem Essay von Herbert Heckmann
Friedenauer Presse Berlin

Fronstipício da edição de 1813.

Merkwürdiges und lehrreiches Leben des M. Johann Georg Tinius,
Pfarrers zu Poserna
in der Inspektion Weißenfels
Von ihm selbst
entworfen

„Ich, Johann Georg Tinius, bin der zweite Sohn von 9 Kindern aus Einer Ehe, wovon noch sechse leben, geboren am 22. October 1764. auf einem Landhause in der Mühle bei dem Niederlausitzischen Flecken Staako, das auf der sächsischen Seite liegt, wo mein Vater, Johann Christian, als Aufseher über die königlich preußischen Schäfereien in den Aemtern Buchholz und Krausnigk, damals im Sommer sich aufhielt. Er stammt her aus dem Dorfe Kimmeritz bei Luckau, in der Niederlausitz, wo sein Vater Schäfer gewesen ist und unsern Namen zuerst nach Deutschland gebracht hat. Er ist nämlich im spanischen Successionskriege, als ein siebenjähriger Knabe, an der großen Heerstraße bei Baruth, wo beständige Durchmärsche geschahen, an einem Morgen, seitwärts im Kornfelde, herumirrend und weinend gefunden worden im militärischen Habit, und hat ausgesagt, es wäre in der Nacht ein großer Tumult entstanden, und durch einen feindlichen Ueberfall Alles auseinander gesprengt worden. Er hätte sich ins Korn versteckt, und bei Tages Anbruch Niemanden mehr gesehen. Alles sey fortgewesen. Er hat eigen seinen Namen gewußt, und von seinem Vater ausgesagt, daß derselbe auf einem Schimmel sitzend mit einem großen Säbel ein Regiment kommandirt habe.

Fac-símile da edição publicada em Halle, 1813.

A VIDA NOTÁVEL E INSTRUTIVA
DO MESTRE TINIUS

Eu, Johann Georg Tinius, nascido em 22 de outubro de 1764, sou o segundo dos nove filhos de um matrimônio, sendo que destes nove, seis ainda vivem. Nasci numa casa de campo no moinho junto ao povoado de Staakow, situado no lado saxão da região de Niederlausitz, e onde meu pai, Johann Christian, se estabeleceu num verão como inspetor dos rebanhos ovinos da coroa prussiana nos serviços públicos de Buchholz e Krausnigk. Ele, por sua vez, se origina da aldeia de Kimmeritz junto a Luckau, em Niederlausitz, onde seu pai fora pastor de ovelhas, tendo sido o primeiro a trazer nosso nome à Alemanha.

Pois se diz que durante a Guerra de Sucessão Espanhola, em uma manhã, junto ao campo de trigo, ele foi encontrado em vestes militares, menino de sete anos a vagar chorando, perdido na grande Heerstraße, junto a Baruth, onde ocorriam constantes travessias de tropas militares. Ele declarara que durante a noite ocorrera um grande tumulto onde tudo havia explodido e se estraçalhado num assalto inimigo. Assim, ele se escondeu entre as espigas de trigo e, ao raiar do novo dia, não avistou mais ninguém. Tudo desaparecera. Ele sabia tão somente seu nome e o de seu pai. E relatou que este, montado num cavalo branco, comandava com um enorme sabre todo um regimento inteiro.

Faltam notícias mais precisas. O nome é de origem romana, possuindo diferentes prefixos, como, por exemplo, Atinius, Titinius, Batinius; o nome puro se encontra em Rufus Tinius, que comandou uma investida militar contra os Partos no tempo dos imperadores romanos. Atualmente, desde os tempos de meu avô, há muitos nomes idênticos naquelas localidades junto a Berlim e nas comarcas vizinhas, todos descendentes deste primeiro antepassado. Minha mãe é, de nascença, uma distinta donzela provinda dos apriscos oficiais de Teuro, junto a Buchholz, na fronteira de Niederlausitz, distante uma hora do meu local de nascimento. Ali, seu pai fora empregado como agrimensor e faleceu no ano de 1786, na avançada idade de 98 anos, como o mais digno ancião que eu jamais conheci.

Qual Simião, antes de seu passamento, ele me consagrou e profetizou meu destino. Suas palavras se me fizeram inesquecíveis e, como consequência, deram ao meu espírito uma orientação própria. Que elas possam aqui eternizar sua memória:

Não vos preocupeis, queridos filhos, disse ele, em verdade sois muito pobres, mas tereis muitas coisas boas, contanto que sejais tementes a Deus, que evitais o pecado e praticais o Bem. E tu, meu filho – e então tomou da minha mão –, tu escolhestes uma tarefa difícil e desejas ser um pastor do rebanho de Jesus; divulga a palavra da verdade corretamente. Com isto, tu virás a sofrer muito; no entanto, não fujas quando o lobo vier, mas sim defende a verdade até a morte, pois assim Deus, o Senhor, lutará por ti. Adeus, e pensa em mim!

Quando seus filhos já se haviam tornado adultos, ao tempo de minha juventude, meus pais me levaram a ele, pois pretendia me educar piamente desde a infância, a fim de que eu aprendesse a ler e a rezar em pouco tempo.

Todavia, a criadagem da casa e seus filhos maiores arruinavam a alegria do bom velhinho. Eles sopravam as trompas lá fora quando eu me punha a rezar no quarto, e diziam depois que o "homem preto" viria me buscar caso eu continuasse a aprender a rezar; ele até já teria começado a soprar as trombas...

Eu ficava tão temeroso que tremia ao recitar as orações e simplesmente não mais as repetia. O meu avô, um homem muito meigo, mandou, por fim, avisar a meus pais que viessem me buscar; segundo o avô, em mim não habitava um bom espírito, pois eu não queria rezar com ele e nem

A VIDA NOTÁVEL E INSTRUTIVA DO MESTRE

aprender as letras. Meu pai veio me buscar em sua carroça, quando eu contava oito anos de vida. Ele morava àquela época em Wasserburg, junto a Krausnick, e lá fui educado até os treze anos.

Quando da minha chegada, minha mãe logo me tomou de lado, recitou-me uma oração e como eu não quisesse repeti-la, bateu-me com a vara até que eu lhe acompanhasse na prece e aprendesse as letras da cartilha. No espaço de quatro semanas, aprendi todas as suas orações infantis, bem como a leitura, de forma que no inverno seguinte eu já havia lido a Bíblia inteira do começo ao fim. E, então, não mais queria parar.

A coletânea de leituras consistia em uma Bíblia, um compêndio de sermões, o *Autêntico Cristianismo de Arnd*[1], dos catecismos de Lutero e de dois hinários. Não havia escola na aldeia.

1. Trata-se, muito provavelmente, da obra *Des Ehrwürdigen/ Achtbaren und Hochgelarten Herrn Johannis Arndes, im Löblichen Fürstenthumb Lüneburg General Superintendenten, Richtige/ und in Gottes Wort wolgegründete Lehre/ in den vier Büchern vom wahren Christenthumb: In etlichen Puncten auß dringenden/ Nothwendigen ursachen/ die in der Vorrede angezogen/ repetiret und wiederholet.* Durch M. Daniel Dilger, Pfarrern der Evangelischen Augs-

Outras crianças caminhavam por uma hora até Krausnick, onde havia um artesão catequista e uma sucursal da igreja da cidadezinha de Buchholz. Meu pai, contudo, nos educava ele mesmo e conforme sua própria formação. Seu pai falecera antes que ele o conhecesse, de modo que ainda na infância viveu entre gente estranha, tendo sido obrigado a se instruir por si mesmo. Seus filhos, pois, deveriam também se instruir em casa, ao invés de perder tempo em uma escola ruim. Conosco, passou-se tudo muito depressa. Como era o mais velho, fui obrigado, sob a fiscalização de minha mãe, a reproduzir aos demais o que eu havia aprendido, isto é, a ler corretamente os trechos principais; além de uma grande porção de preces, canções, ditos e provérbios.

Após o acordar matinal, havia uma rigorosa inspeção; lavar-se, pentear-se e uma meia hora de orações antes de sentar-se à mesa juntamente com o canto da manhã. Somente após tudo

burgtschen Confession zugethanen Gemeine zu S. Catharinen in Dantzig. Gedruckt im Jahr Anno 1620 (N. da E.).

isso, procedia-se ao desjejum. O mesmo ocorria também à noite antes de irmos para a cama. As orações à mesa eram um tanto longas e solenes e ocorriam com a participação de servos e criadas. Com eles, dividíamos os alimentos: pão, verdura e água eram nosso sustento, e com um leito duro sobre palha devíamos penosamente nos acostumar. Vinho, aguardente, cerveja, café, açúcar e condimentos não entravam em nossa casa. Andar acompanhado não nos era permitido. De forasteiros meu pai gostava e os viajantes eram acolhidos gratuitamente, em contrapartida, eles deveriam contar algo do que se passava no mundo, como jornais vivos. A depender de nossas forças, passávamos o dia inteiro ocupados.

O temor a Deus, a diligência e a moderação eram nossos convidados diários. Nossos pais iam todos os domingos à igreja. Nós, porém, jamais vimos um mestre-escola ou um pastor até atingirmos a idade de doze anos – segundo o exemplo de Jesus. Mantínhamo-nos totalmente como filhos da natureza, exceto pelo enobrecimento da devoção em casa. A escuridão e os fantasmas, nós não os temíamos, pois a respeito deles não ouvíamos nada de horripilante e o diabo é, assim se dizia, um espírito mau que às pessoas piedosas nenhum mal podia fazer.

Todas essas circunstâncias deixaram em mim impressões duradouras. Jamais ouvi de meus pais uma palavra má, menos ainda presenciei um mau exemplo. Honestidade até o último centavo, tolerância sem fim, retidão e amor à verdade, vivacidade e paciência, aliados a um espontâneo temor a Deus permanecerão para nós como tesouros perpétuos; nada mais além disso eles nos puderam dar, pois a família era numerosa, os rendimentos parcos e o que meu pai tinha como haver em conta junto à administração, eles não o ressarciam.

Até aqui, eis os meus anos de infância. Ainda tenho a acrescentar que a par da excelente saúde e do vigor dos meus irmãos, eu sempre fui frágil de saúde e anualmente acometido por febres. Provavelmente, foram consequências dos cuidados exagerados e da superalimentação junto a meu avô até meu oitavo ano de vida.

No ano de 1777, por volta do dia de Miguel Arcanjo[2] meus pais se mudaram para Staako, que foi incorporada à paróquia da igreja saxã do distrito de Oberin, onde eu também fora batizado. Durante o inverno, eu deveria ser confirmado na santa comunhão. Minha mãe me levou ao pastor local, Sr. Mestre Starke. As outras crianças já participavam dos preparatórios havia quatro semanas e, por isso, ele acalentava dúvidas de que eu pudesse recuperar tanta coisa.

Eu, sem medo e acanhamento, pelo fato de ainda não conhecer a soberba humana, me ofereci de pronto a decorar a peça inteira (fazia parte do Catecismo Berlinense, por mim totalmente desconhecido) em algumas horas, caso pudesse ficar sozinho na outra sala.

O Sr. Mestre olhou-me sorrindo pela minha petulância e disse: "Meu filhinho, se você aprender hoje somente meia página, você já terá de aprender com muito afinco". Já passava do

2. Dia 29 de setembro. Entre os católicos, conhecido como dia de São Miguel Arcanjo (N. da E.).

meio-dia. Tomei o livro, recolhi-me à solidão, voltei às cinco horas e recitei sem titubear todas as folhas, até onde as outras crianças haviam chegado. Este momento havia sido determinado pela Providência, para dar início à minha futura carreira. O respeitável pastor, um homem piedoso, que vê em todos os acontecimentos o dedo de Deus, admirou-se sobremaneira, e disse à minha mãe –, que durante este tempo quedou-se cheia de expectativa, e em seu coração certamente rezara muito ao Senhor: "Deus destinou seu filho a algo diferente, ele deverá apascentar rebanhos". Minha mãe ficou estática e disse: "Nós não podemos dar um centavo a nosso filho para que estude, e precisamos dele indispensavelmente em nossas atividades". Meu pai se opunha mais ainda, pois tinha uma aversão contra tudo que fosse aristocrático. Porém, o Sr. Mestre Starke não cedeu, e assegurou a meus pais que meu estudo não lhes custaria um centavo; muitos pobres, aliás, estudavam.

Então, meus pais deixaram a meu critério; eu acreditei no meu novo guia. Permaneci dois anos com ele, aprendi um pouco da escrita e da língua latina, as bases iniciais. Assim, aos 20 de setembro de 1779, ele me levou a Luckau para a escola de seu único filho, Adolph, a quem eu, como dizia seu pai, deveria incendiar com o carvão de meu fervor no ato de aprender, tendo, em contrapartida, direito a um teto e a uma cama. Meu pai me acompanhou e comprou para mim uma Bíblia por doze tostões, um presente que até hoje me é caro. O jovem Starke, porém, mudou-se, no ano seguinte, para Lübben e, de lá, seguiu para Cottbus. Agora, eu parecia abandonado, pois também seu pai não podia me sustentar, já que ele mesmo pouco recebia por seu cargo, e seu filho necessitava de muito.

Nesse ínterim, através dele tornei-me conhecido da Senhora Böttcher, viúva de um tesoureiro, que se comovera com o meu destino. Ela abrigou-me em sua casa e me tratou como a um filho. Ela o fazia, principalmente, persuadida por sua única filha, que em sua razão e coração fora por Deus abençoada. A ela tenho a agradecer minha educação urbana e a continuação dos estudos universais iniciados em Oberin.

Ali, desfrutei por sete anos de moradia, vestuário e desjejum, embora estas duas e nobres almas fossem elas mesmas pobres. Graças à minha voz no coral, onde, durante sete anos, mantive o primeiro lugar como soprano, foram-me concedidos o uso do refeitório – onde sete alunos podiam tomar diariamente as refeições – e, anualmente, minhas vestimentas, bem como os livros necessários. Além disso, eu conseguia lugar à mesa de pessoas honoráveis e burgueses. Primeiro, o Sr. Gleitsmann Lange, um verdadeiro cristão e homem absolutamente íntegro em cujo lar, além de outras benesses, fui alimentado uma vez por semana, durante nove anos e meio. Da mesma forma, o controlador da caixa de ofertas e emolumentos de Berlim, o Sr. Mielle, reservava em Luckau uma mesa para mim junto à sua irmã. Após a sua morte, o seu respeitável esposo, o Sr. Cirurgião Roth, continuou a me assegurar a mesma bondade. A terceira mesa gratuita me foi fornecida até o fim pelo Sr. Curdes, escrivão da cidade. A brevidade do tempo me proíbe mencionar todos os meus benfeitores.

Meus professores foram os dois reitores, o Sr. Schmerbauch, que faleceu ainda a meu tempo, e, após ele, o Sr. Mestre Wolf de Leipzig, e o Sr. vice-reitor Fürstenhaupt, posteriormente reitor na escola metropolitana em Naumburg; homens que mais atuaram por seus alunos do que escreveram para o mundo erudito, me concederam benefícios espirituais e físicos para seu imortal louvor.

Na escola, devido à mudança no modo de vida, na comida e na bebida, por causa de um esforço fatigante e por ficar longamente sentado, tive que lutar ininterruptamente contra doenças. No ano de 1784, adoeci mortalmente. Desde este tempo, modificou-se minha natureza, comecei a crescer – perdendo, porém, minha voz de soprano.

Em troca, imediatamente passei a cantar o baixo e recebi a tarefa de dirigir o coro como maestro adjunto. Era a época das canções de Ano Novo, habituais no campo, de forma que, do Natal até o fim de janeiro, seis ou sete dos mais nobres cantores com música vocal e instrumental deambulavam nas circunvizinhanças até onde conseguiam chegar e, depois, dividiam entre si seus ganhos. Participei oito vezes e, nessas ocasiões, pude acumular muita experiência de vida. Não me faltaram exemplos sedutores de toda espécie. Porém, em casa eu tinha sido muito prevenido contra o mal e, minha pobreza, por assim dizer, obrigava-me igualmente a uma boa conduta; caso contrário, meus patronos retirar-me-iam sua mão protetora. Eu não tinha a menor perspectiva de um subsídio para a Universidade. O Sr. Pastor Pinkert, em Dahme, ofereceu-se para ficar ao meu lado caso eu ajudasse o seu único filho na escola.

Assim o fiz e me mudei para lá, deixando a casa de minhas benfeitoras. Quando saímos, na Páscoa de 1789, este jovem de dezessete anos adoeceu. Precisei alugar para ele e para mim um alojamento em Wittenberg e, mal havia me mudado, recebi a notícia de que ele tinha falecido. Com ele, morreu também minha esperança, e mantive o alojamento somente até a época das celebrações de Miguel Arcanjo. Afundado em preocupações, e recém-desperto, eu andava em uma manhã no jardim de Brösens, junto à cidade, quando encontrei um homem desconhecido acompanhado de um estudante. Era o porteiro do Sr. Doutor Grebel, o mestre sapateiro Beutner e seu filho. Nossa conversa levou-me a narrar o meu destino e meus apuros. À tarde, recebi deste homem um bilhete do Sr. Doutor Grebel com a oferta de uma livre moradia em sua casa. Salve o homem! Abençoei a condução do Senhor durante a manhã naquele parque, para onde de costume aquele homem não chegava a ir duas vezes ao longo de todo o ano.

O Sr. Pregador-Mor da Corte, Doutor Reinhard, àquela época prior em Wittenberg, aconselhou-me a solicitar a bolsa de estudos do principado e deu-me uma outra pequena bolsa da administração da Universidade, de modo que pudesse também comprar lenha para o meu alojamento gratuito.

Àquela época, o examinador dos candidatos às bolsas de estudo patrocinadas pelo principado, Professor Hiller, deu-me, no entanto, o conselho – sendo que eu era tão pobre – de preferencialmente voltar atrás e escolher um outro ofício. Minhas objeções, por fim, provocaram seu interesse e ele me aconselhou a persistir. No início, eu tive a sorte de ainda ouvir o Sr. superintendente-geral, D. Tittmann (àquela época por todos amado), meio ano antes de sua retirada. Depois disso, tornei-me seu conhecido através de seu respeitável filho, agora catedrático em Leipzig.

A bolsa de estudos do principado chegou pelo Natal e, desde então, eu tinha doze moedas, com as quais durante muito tempo deveria me manter. Como desjejum, frequentemente eu mergulhava na moringa d'água um pedaço seco de pão de seminarista. No ano seguinte, recebi a bolsa de estudos de segunda classe, quarenta florins, com o sentimento da mais tocante gratidão, já que esta bolsa de estudos foi a única que eu consegui da Universidade, apesar de todos os meus vãos esforços.

No entretempo, dois de meus patronos em Luckau, Sr. Gleitsmann Lange e o intendente Anschütz, ali estabelecido, posteriormente transferido para Leipzig – um filantropo, pessoa muito ativa e íntegra – coletaram para mim, entre pessoas bondosas, mais de vinte táleres, e mos enviaram, pelo que serei eternamente agradecido; ao primeiro em vida e, ao segundo – infelizmente!, já tão cedo falecido – Benfeitores na eternidade.

Foi-me também oferecido pelo Sr. Major Winter, acantonado em Wittenberg, o trabalho de instrução de seus filhos e, em virtude das relações de conhecimento ainda da época de Luckau, aceitei. Ao mesmo tempo, porém, ele desejava que eu, em razão das aparências, atuasse como mestre das crianças. E o fiz, sobretudo porque tencionava futuramente permanecer em Wittenberg, ou seguir para Dresden.

Tornei-me também mais conhecido pelas disputas e escritas nos exercícios públicos de bolsistas no Augusteo, também nos colégios privados e nas disputas de sábios e eruditos, especialmente sob os auspícios de Doutor Reinhard e do muito respeitado Professor Jenichen, morto demasiadamente cedo.

Por isso, recebi a proposta de um posto de leitor junto aos estudantes de Wachsmuth, de

Bitterfeld, cargo este que àquela época o Sr. Professor Doutor Kohlschütter me ofereceu.

Agora, eu estava tranquilo quanto a preocupações alimentares, e dedicava meu tempo integralmente ao estudo. Queria, no entanto, absorver demasiadamente de uma só vez, mas, pelos muitos trabalhos dia e noite, fiquei totalmente debilitado e adoecido. Quando abri ao médico Doutor Nürnberger o meu estado, ele me receitou, para meu grande espanto, uma rápida mudança, pois, por minha rouquidão e devido ao peito comprimido, muito em breve poderia ocorrer uma tuberculose. Eu deveria ir para o campo e durante um tempo deixar inteiramente os estudos. Quando eu retornasse à vida poderia retomar os estudos, porém, do contrário, não. Ficar impedido no melhor momento, ser perturbado tão repentinamente em meus planos, era coisa que em nada me agradava, mas precisava e necessitava de cuidados. Era uma questão de vida ou morte.

Enquanto refletia para onde ir, eu recebi uma carta do jovem senhor Starke. Ele havia me dei-

A VIDA NOTÁVEL E INSTRUTIVA DO MESTRE

xado em Luckau, depois estudou em Wittenberg e, rapidamente, havia aceito uma substituição de Pastor em Lausitz. Apresentava-me a proposta de uma nomeação em Luckau, junto ao senhor arrendatário Dabo, em Kassel. E, assim, tudo se passou conforme o combinado.

Com tristeza deixei Wittenberg no inverno de 1791, onde havia obtido gratuitamente, de tantos homens e professores tão dignos e respeitáveis, como Reinhard, Nitsch, Dresde, Weber, Schröckh, Ebert, Drasdo, Klotsch, Hiller, Henrici, todos os estudos superiores. No entanto, tinha o propósito de regressar para lá quando minha saúde fosse restabelecida. Só que, mais tarde, as circunstâncias se alteraram em Wittenberg. Além do mais, meus pais estavam envelhecendo de forma que eu me decidi a sustentá-los com meus rendimentos e deixá-los viver seus dias restantes plenamente em paz, após os muitos sofrimentos que eles suportaram desde a juventude. Essa alegria da gratidão infantil, ainda agora Deus me permite desfrutá-la, mesmo na avançada idade de meus pais.

❧ 33 ❧

Em Wittenberg, levava uma vida muito retraída. Costuma-se dar todo tipo de apelidos aos estudantes, e estes, assim se acredita, não são muito considerados pelos homens mais mundanos. Contudo, aprendi que a solidão não se torna fonte de menosprezo caso outras fontes de alta consideração não estejam obstruídas: dedicação, boa conduta e comportamento face aos colegas rendem mais respeito do que a participação nas muitas associações e folias. A pobreza é a melhor proteção contra estas pretensões: imagina-se que este é um pobre coitado que não pode participar, e este pensamento gera um sentimento de pena, que chega a se tornar consideração.

Constatei àquela época muito empenho junto a meus companheiros de estudo, e na maioria deles uma vida de bons costumes, sendo que não somente razões positivas estavam na base disso; e não só causas negativas, como carência de luxo e de muitas oportunidades de distrações, a limitação das pessoas do povo e das camadas mais altas, a ausência de estudantes muito ricos e o hábito de ali cultivar mais disciplina. Também razões positivas formavam aquela base e, com isso, acrescento a grande consideração para com os sábios e enérgicos professores que, então, lecionavam na Universidade. O pensamento de não ofender tais pessoas já gerava veneração e honorabilidade.

Qual não era o respeito de que gozavam Schröckh, Tittmann, Reinhard e outros? Respeito, aliás, ainda maior em consequência da excelência dos senhores professores em termos de sua humanidade na relação com os estudantes. A isto se relacionava a audiência de muitos bons colegas. Constantemente estávamos cheios de expectativa impaciente até que o fio fosse de novo fiado e tecido. O preguiçoso deveria se envergonhar por negligenciar o Bom e o Verdadeiro, por temor de que Deus lhe privasse o sentimento e o paladar. Minhas matérias preferidas eram a história, de todos os tipos; filosofia; moral; exegese dos autores santos e profanos. Os estreitos limites de uma curta biografia não me permitem, por ora, observações mais detalhadas.

Em minha nova situação em Kassel, encontrei três filhos que até então haviam se criado muito desordenadamente. No pai, entretanto, encontrei um homem culto, que havia frequentado escolas e travara conhecimento do mundo. Ele transferiu a mim um poder ilimitado sobre seus filhos, a partir da total convicção de que eu entendia de como educar crianças; e ninguém em sua casa poderia dizer algo contra isso. Mas, sobretudo, ao suave coração da mãe, não lhe era permitido levantar protestos em caso de punições corporais necessárias.

Eu deveria agir de acordo com meus melhores conhecimentos e consciência. Meu ordenado era relativamente considerável, cinquenta táleres e pensão completa. Aqui, comecei, afinal, a me tornar uma criança e a descer de minhas alturas filosóficas. Passaram-se assim minha tontura, a hiponcondria e a caminhada duas vezes ao dia fortaleceu novamente minha saúde fragilizada.

O pastor adoecia com frequência e eu tinha que pregar em seu lugar. Pregava, como se fosse uma conversa com as pessoas, usava sempre a Bíblia, explicava através de imagens perceptíveis todas as abstrações e falava a partir do coração e da experiência. E assim que sigo fazendo. O pastor do lugar me ofereceu seu posto, bem como a mão de sua filha. Esta solução não me parecia decente. A partir daí, minha presença deveria envergonhar o bom pai e, já que ele via sua confiança rejeitada, também devia se sentir amargurado.

Resolvi, portanto, ser examinado em Dresden, aguardar meu sustento e permanecer por lá. Fui convocado ao exame para o dia 4 de outubro de 1793. Era um sentimento singular com o qual subi aquela escada do tribunal. Meu salário fora minha primeira classificação, e me alegrava por até então não ter em vão comido, bebido, sofrido e trabalhado. Mas, de imediato, não havia posto vago em Dresden; assim levei somente boas promessas no regresso a Kassel. Perto do Natal, morreu o pastor local. O lugar já estava prometido pelo Conde Solmes de Baruth ao filho de seu superintendente, o Sr. Mestre Winger, co-reitor em Sorau. As cinco comunidades torciam por mim a uma só voz com grande entusiasmo. O conde apelou para sua palavra já empenhada. Elas se dirigiram a ele e, fortalecidas, queriam entrar a força. Tornei-me suspeito de incitação, ainda que sem provas.

Enquanto isso, escrevera para Dresden a um bom amigo, para que ele o quanto antes me providenciasse um emprego e, assim, me afastasse rapidamente do olhar da comunidade de Kassel. Chegou uma carta que dizia que se eu não fosse fumante, deveria de imediato dirigir-me a Dresden e assumir um belo emprego junto ao Sr. Roch, secretário e protonotário do consistório superior. Não fumo tabaco, parti de imediato e cheguei em dois dias a Dresden, no início do ano de 1794. Alcançaram-me ainda lá mensagens das comunidades; rogavam que, ao menos, aguardasse a morte do novo pastor pois ele não tinha aspecto saudável. No entanto, eu não nutria a mínima esperança.

Meu novo chefe era um homem correto, honrado, honesto, da velha índole alemã. Sua esposa, uma senhora de tão nobre e bom coração, que mal posso imaginar a plenitude de sua benevolência, sem que me venham lágrimas aos olhos. Eduquei seus dois queridos filhos, e pouco podia fazer pelo muito que devia a ela. Uma senhora tão delicada de sentimentos, primorosamente educada, de índole cristã jamais encontrei em praticamente lugar algum. Sempre insatisfeita com seu mérito perante Deus e seres humanos, ela buscava, cada dia mais, tornar-se digna da misericórdia do Senhor e do amor dos homens.

Ah, quão belamente florescem as plantas da humanidade no maravilhoso reino de Deus, através de Jesus! Nenhuma filosofia enobrece o ser humano tal como o faz a religião. Isto, eu vi com meus próprios olhos e o testemunho com a minha experiência. No entanto, seja pela vida boa que usufruía nessa digna casa, e a abundância em sucos, ou a notável troca de ares do campo pelo ar da cidade e da vida ruidosa – resumindo, eu tinha frequentes sentimentos pavorosos, indizíveis, sentia-me adoentado e de mau humor, desejando um lugar livre e nobre. Sentimentos são conselheiros ligeiros e agradáveis, e a imaginação se assemelha a uma mulher vaidosa, que dia e noite buzina aos ouvidos de seu marido – a razão –, que gostaria e poderia viver tranquilamente: avie-se, não desperdice seu tempo, candidate-se a um posto mais alto, assim viveremos mais felizes. Foi assim que, então, candidatei-me às classes mais altas do liceu do Ginásio em Schleusingen – e o obtive logo no terceiro dia, através da magnânima designação do altamente louvável consistório superior. Galguei, então, aqui as alturas do Parnaso de Hennenberg, no verão de 1795.

Boa saúde, honra e certamente bênção, acompanharam por três anos meu cargo escolar, onde recebi não só do meritório, erudito, sociável e hospitaleiro pai, Professor Walch e sua honrada esposa, como também dos demais inúmeros honoráveis, inesquecíveis provas de benevolência, caridade e amor. Não quero me queixar de meu destino atual, tampouco prever algo a respeito de um sofrimento ainda maior, mas suponho que nunca mais vivenciarei dias mais belos em minha vida. Eu tinha jovens como ouvintes. Acreditavam eles que eu lhes dizia algo verdadeiro e proveitoso a partir de minha convicção, e merecia suas gratidões por meu empenho? Eu não tinha outra responsabilidade a não ser aquela que minha consciência me ditava, e era de resto um homem livre, isto é, o mais feliz sobre a face da terra. Após estes dias de alegria, o barômetro de minha vida caiu não só até o instável, vento e chuva, e muita chuva, mas também frequentemente tempestades.

No ano de 1798, a comunidade pastoral aqui em Heinrichs foi liquidada. Um grande homem em Schleusingen me convenceu a ir para lá e a lembrança frequente, por parte de meus pais, de que eu finalmente coroasse meus estudos com um ofício religioso, impôs-me a procurar este cargo na paróquia e a aceitá-lo. Assim, pensava, você pode realizar seus desejos antes do falecimento de seus pais e, assim, também lhes fazer bem, tal como a seus irmãos, que esperam igualmente por sua mão caridosa. Desejava ser transferido para as terras da Saxônia, porém, não tive sorte. Eu devia ficar aqui e, em princípio, sofrer bastante. Talvez, para algum dia, seja aqui, seja acolá, receber a minha glória.

Eu já havia decidido, anteriormente, manter-me em estado de solteiro, mas agora meu encargo espiritual, por razões que aos mais experientes são conhecidas, trazia o dever da vida matrimonial. E quão feliz foi a oportunidade que sugeriu ao meu coração e à minha razão, uma pessoa que, para mim, era, nesse sentido, a mais importante e a mais digna. Aquela boa filha, Johanna Sophia é o seu radioso nome, que em Luckau havia convencido sua mãe a me abrigar em sua casa, sem ônus para mim e onde eu, por nove anos, havia usufruído tão boas e indescritíveis coisas. Por aquele tempo, ela nutria esperança em se tornar noiva de um jovem doutor, que, no entanto, logo a abandonou porque, como ele alegava, seu pai não lhe permitia uma pobre. Ela desposou, aos 24 de abril de 1792, por minha mediação, um respeitável clérigo, Mestre Ernst Friedrich Lehmann em Waldo, à distância de uma hora e meia de Kassel, onde me encontrava em um posto, e com ele viveu satisfeita por seis anos. Este morreu exatamente quando eu deveria me tornar pastor em Heinrichs. Eu conhecia sua lucidez, seu coração, sua habilidade e sua virtude, durante aqueles nove anos de experiência. Nos elegemos mutuamente a partir de um amor puro e fomos unidos, com grande comoção, em Oberin, no dia 26 de setembro de 1798, pelo Sr. Starke – seu padrinho e responsável por meu posto espiritual. Ela abandonou todos os parentes e amigos e me acompanhou até esta região distante, onde, aos 20 de outubro de 1798, assumi meu cargo. Ela desejava ardentemente uma filhinha, já que até então não tivera filhos. A realização de seu desejo significou sua morte, quatro semanas após o parto, em 19 de agosto de 1800, aos 39 anos de sua bela vida. A visão de sua querida, que ela com enlevo apertava em seu peito, servia somente para nos dificultar sua despedida. Uma alma nobre não é esquecida por aquele que é rico em sentimento, ainda que cem outras lhe fossem ofertadas em contrapartida. A separação fora por demais bela, por demais grandiosa, de forma que ela jamais pudesse ser esquecida por mim.

O que é o esplendor da vida?

Quão cedo ela desaparece!

Tais palavras, a boa mulher que merecia viver feliz ainda por longo tempo, e por muito tempo desejava ver seu primeiro e único filho ainda as disse antes de seu fim. – Sua morte fora inocente, ela não era culpada – ela morreu na sua mais sublime missão – como mãe. O verdadeiro sofredor sofre mais interna do que externamente, assim também eu; e quanto à promessa do seu amor – eu a avisto, no reflexo de sua luz, a lápide e a inscrição de sua morte.

Uma criança tão preciosa merecia o cuidado carinhoso e maternal de uma mulher com bom coração. Para tal, escolhi minha segunda esposa aos 25 de outubro de 1801, Ottilia Maria, nascida Kindt, viúva do capitão da guarda-florestal geral Hellmerich, de Zella, que me trouxe três filhos homens, nascidos Hellmerich; assim alcancei meu propósito completamente. Minha cara filha, Christiana Auguste Henriette, floresce, qual uma bela planta, sob a mão da melhor mãe, que, por esse feito, um dia receberá o agradecimento do amor daquela glorificada.

Tais alegrias familiares são grandes consolações nas várias adversidades que, desde o início da minha posse no cargo, turvaram meus dias. Vingança e inveja surgiram contra mim quais perseguidoras implacáveis. Ao fato de não haver narrativas a esse respeito tão vivas; se nem menciono publicamente as pessoas nem as razões e circunstâncias afins por aquela época, basta a minha escusa. A posteridade deve contemplar os quadros que agora pinto, mas ainda não exponho. As cores certamente permanecerão vivas, e os desenhos delicados. As opiniões de muitas pessoas sobre mim já agora se tornam evidentes e, através de palavras e ações, sentenciam os veredito sobre si mesmas. Algum tempo ainda passará e, então, estaremos diante de um juiz superior, que trará à luz tudo o que nas trevas se encontra escondido e revelará o conselho dos corações. Enquanto isso, aguardo pacientemente minha justificativa, enquanto me vejo quase totalmente insensível em relação a isso, e na medida em que percebo, sobretudo, que minha honra se torna cada vez mais firme; e a ignomínia dos maus cada vez maior. Sofrer pelo bem suscita, na realidade, a graça junto a Deus e aos homens. Defenderei até a morte a verdade de Jesus Cristo, que eu, como soldado de meu

Senhor, reconheci; e pensarei naquela promessa do ancião às vésperas da partida: "Assim Deus, o Senhor, lutará por você".

★★★

No ano de 1809 este biógrafo recebeu o pastorado de Poserna.

POSFÁCIO

IN DUBIO PRO REO: SOBRE
*A VIDA NOTÁVEL E INSTRUTIVA
DO MESTRE TINIUS*

◆

Marisa Midori Deaecto
&
Felipe Castilho de Lacerda

Aos 17 de dezembro de 1821, um literato alemão escrevia ao eminente coleciona-dor e livreiro Johann August Gottlieb Weigel (1733-1846)[1], indagando sobre o preço de uma certa coleção de livros que se encontrava sob sua responsabilidade, com o fim de a adquirir para a biblioteca da Universidade de Jena. A dita coleção somava 16 642 volumes encadernados e outras 199 folhas soltas[2].

Não eram tempos quaisquer para os livros e seus proprietários, aqueles de uma Europa balançada pelos ventos das revoluções e do liberalismo. De acordo com Sebastian Vogler,

[...] fortunas inteiras viram-se perdidas, foram parar no livre mercado e, aparentemente, assistiu-se ao aumento da oferta de livros, o que fez baixar seu preço. Apenas entre os anos de 1810 e 1812, ocorreram mais de duzentos leilões de livros no espaço germânico[3].

E a praça de Leipzig, um importante centro livreiro da Europa Central, com suas redes comerciais firmadas nas principais cidades do Ocidente, era o local privilegiado para essas negociações[4].

Dessa forma, a mencionada coleção, que não demorava a ser leiloada por interesse de uma senhora que acabara de se divorciar de um homem condenado pelo crime de latrocínio (roubo seguido de assassinato), fora uma dentre muitas outras que passaram a novas mãos, sob os cuidados daquele livreiro afortunado. Cumpre notar que o possível comprador, bem como o antigo proprietário da coleção, não eram, por assim dizer, figuras comuns. Aquele literato, atuante em benefício da biblioteca de Jena, chamava-se Johann Wolfgang von Goethe (1749-1832) e a biblioteca em questão pertencera a Johann Georg Tinius (1764-1846)[5].

IN DUBIO PRO REO: SOBRE A VIDA NOTÁVEL...

O PROCESSO: FORTUNA DOCUMENTAL

A história de Tinius assumiu ares lendários, tanto entre os bibliófilos, quanto nos meios populares. Detlef Opitz lembra que por muitos anos poder-se-ia escutar a expressão *Tinius kommt! Tinius kommt!* (Tinius vem aí!) como uma manifestação de pavor[6]. Tal fato amplifica o mistério que paira sobre sua autobiografia – publicada, pela primeira vez e em tradução direta do alemão, no presente volume.

Uma breve análise da fortuna documental relativa à vida de Tinius e aos crimes que o conduziram ao cárcere em Leipzig aponta, pelo menos, duas chaves para a leitura desse precioso documento. Em uma interpretação isenta do contexto em que se dera a recepção do escrito por seus contemporâneos, a obra pode ser lida como a emanação de um espírito douto que traduz e elabora uma vida marcada pela carência material, o mergulho desinteressado nos estudos e a vocação religiosa. Tal perspectiva se opõe a uma segunda chave, esta, sem dúvida, muito mais sedutora: tratar-se-ia, na verdade, de um escrito estratégico, expressão pura do ardil friamente refletido de um autor que não desejava outra coisa, senão amenizar a humilhação e a condenação que sopesavam sobre a figura de um brilhante pastor luterano que se convertera na própria encarnação do *Bücherwuth* (obsessão/vício por livros).

Voltemos aos fatos. Em 4 de março de 1813, Tinius foi preso em sua paróquia, na pequena cidade de Poserna, e conduzido a Leipzig. Um processo-crime pesava contra ele: a acusação de haver roubado e matado com pancadas de martelo Christiane Sophie Kuhnhardt, uma viúva de 75 anos. O fato ocorrera havia quase um mês, precisamente, no dia 8 de fevereiro. No transcurso do processo, surge nova acusação: um ano antes, nosso personagem teria roubado e assassinado, por envenenamento, Friedrich Wilhelm Schmidt, um comerciante de idade avançada, também morador de Leipzig. Em 1814, enquanto Tinius aguardava o julgamento em prisão preventiva (*Untersuchungshaft*), o caso era analisado pela Igreja, que concluiu pela

❧ 50 ❧

exoneração de seu posto sacerdotal. No veredito pronunciado em Leipzig, na Kirche zu St. Nikolai, o Professor Doutor Johann Georg Rosenmüller (1736-1815) sustenta que a *Büchersucht* (vício por livros) havia sido a verdadeira causa de seus crimes. Ao que argumenta:

No exemplo terrível deste homem, vemos a que ponto inacreditavelmente baixo um ser humano pode afundar-se, ao se deixar dominar por uma única paixão. Sua inclinação preferida parecia, considerando-a bem, inocente. Ele desejava possuir uma numerosa coleção de livros, travar conhecimento com os mais notáveis eruditos e através disso alcançar fama e honradez; para tal, porém, faziam-se necessárias grandes despesas muito além do que ele conseguiria obter com seus recursos; como não conseguia custear seus intentos através de meios normais, ele caiu presa do infeliz pensamento de alcançá-los através de astúcia, trapaça e dos maiores delitos. Ofuscado pelo orgulho e pela vaidade, ele reprimiu todas as manifestações da consciência e lançou-se no mais profundo abismo da destruição[7].

O arrazoado de um doutor da Igreja certamente fez eco na corte penal. Após uma longa espera, pois a cisão da Saxônia, ocorrida em meio ao processo de Tinius, tornara os trâmites processuais mais lentos do que o normal, foi, enfim, divulgado o veredito. Em 20 de fevereiro de 1820, Tinius era declarado culpado e condenado a dezoito anos de prisão[8]. A pena, especialmente alta para os padrões da jurisprudência saxã, recaiu apenas sobre o assassinato da viúva Kuhnhardt. Da acusação de latrocínio referente ao caso do comerciante Schmidt, nosso personagem foi absolvido por falta de provas. À primeira sentença foram acrescidos outros dois anos de prisão, pelos desvios de verbas da igreja. Ao final dos recursos apresentados pelo réu, que jamais reconheceu os crimes que lhe foram imputados, a pena foi reduzida para dez anos. Pesou sobre o veredito o fato de ter o pastor uma idade avançada; outrossim, porque aguardara todo o desenrolar do processo em prisão preventiva[9].

A primeira compilação dos eventos relativos ao processo criminal de Johann Georg Tinius foi

realizada pelo jurista Julius Eduard Hitzig (1780-
-1849). Em 1830, ele publicou um artigo alentado
(em torno de 160 páginas), sob o título "Zur Lehre
vom Beweise durch Anzeige" ("Sobre a Doutrina
das Evidências por Meio de Demonstração"), na
Zeitschrift für Criminal-Rechts-Pflege (*Revista de Direito Criminal*). Em 1843, um resumo do mesmo
caso, impresso no *Der Neue Pitaval*[10], viria a lume
em coautoria com o Doutor Wilhelm Häring
(1798-1871)[11]. Segundo Vogler, o relato inscrito
nesse compêndio jurídico compunha

[...] uma história comovente, relacionando, com
elegância, os fatos coligidos com interpretações
psicológicas. Entretanto, colocava-se ali, apesar da
proximidade dos eventos – Tinius ainda estava vivo –,
a pedra fundamental para todas as conjecturas e
lendas que se seguiriam, às quais se acrescentaram,
infelizmente, interpretações errôneas[12].

Nos cerca de dois séculos transcorridos desde
a prisão do pastor, a diversidade de usos de sua
história abarcou um sem-número de represen-
tações e formas de expressão, de relatos eruditos

a romances de ação. Notemos que de Tinius não restou nenhuma imagem confiável, malgrado a literatura haver publicado diferentes expressões suas em calcografia[13]. No campo científico, as opiniões oscilam em razão dos diferentes graus de profundidade da pesquisa e da análise documental.

De fato, causa espécie a constatação de que boa parte da literatura se deixou envolver por uma oposição apaixonada a Tinius, limitando-se, nesse sentido, a simplesmente reproduzir na historiografia a sentença do tribunal de 1820-1823. É o caso, a título de exemplo, do pequeno artigo de caráter ensaístico do historiador Herbert Heckmann, publicado junto à edição mais recente do relato de vida do pastor[14]. De acordo com Detlef Opitz,

[...] a literatura sobre o caso Tinius é tão vasta, quanto patética e desajeitada. [...] Sem exceção, tudo o que se escreveu nos últimos 150 anos foi respaldado por dois textos patéticos, quais sejam, a fragmentária autobiografia do próprio mestre e, ainda mais, um tratado no *Neuen Pitaval*, de 1843[15].

IN DUBIO PRO REO: SOBRE A VIDA NOTÁVEL...

Apesar do caráter ferrenhamente crítico do autor, é de se estranhar que boa parte do que se escreveu sobre o tema tenha se apegado nessas duas fontes, a saber, a autorrepresentação de Tinius e a dissertação que embasou a condenação do réu. O que invariavelmente conduziu à interpretação da autobiografia à luz do processo-crime. Na fatura final, conclui-se que a literatura produziu muitas convicções, porém, baseada em poucas provas.

Coube ao próprio Detlef Opitz, em seu *Der Büchermörder. Ein Criminal*, lançado em 2005, abrir uma nova fase de investigações e conjecturas sobre a trajetória do pastor bibliômano. O livro se apresenta formalmente como um romance, embora seja mais apropriado respeitar seu caráter híbrido, "mistura de biografia, ensaio, descrição de viagem e ficção". Tal fato não o impediu, na visão de um crítico, "malgrado sua parte beletrística – presa, sobretudo, em estilo e estrutura – [de levar] a pesquisa de Tinius mais adiante do que a maioria das demais publicações"[16].

É claro que as críticas expressas pelos estudiosos contemporâneos em relação às abordagens tradicionais merecem uma ponderação, ou antes, uma indagação sobre as fontes de pesquisa disponíveis. Nesse aspecto, é importante assinalar que boa parte das fontes hoje compulsadas só se tornaram públicas nos anos de 1960. No próprio compêndio de textos jurídicos, *Der neue Pitaval*, de 1843, já se apontava que os autos do processo foram cassados pelas autoridades prussianas, incluindo os depoimentos do réu[17]. Uma parcela dessa documentação virá à luz, cerca de cem anos mais tarde, por obra de Hans Kasten, cujos trabalhos renderam a constituição do maior repertório documental atualmente disponível sobre o caso Tinius. É possível que Kasten tenha reunido os documentos em sua "maleta de fuga"[18] – do nazismo? – e, uma vez instalado nos Estados Unidos, depositou-os na Universidade de Harvard, dando origem à coleção "Hans Kasten Papers on Johann Georg Heinrich Tinius, 1780-1953"[19]. De acordo com a breve notícia publicada no guia *on-line* do acervo, o material foi "comprado com o fundo Morse, em 1961"[20]. Hans Kasten disserta sobre esses papéis no artigo publicado, em 1932, na *Zeitschrift für Bücherfreunde*

(*Revista para Amigos dos Livros*), e na biobibliografia que compôs sobre Tinius, em 1944, sob o título *Magister Johann George* [*sic*] *Tinius: Versuch einer Bibliographie mit einer Einleitung von ihm selbst und einem Vorwort nebst einer Autobibliographie*[21] (*Mestre Johann George Tinius: Tentativa de uma Bibliografia com uma Introdução por Ele Mesmo e um Prefácio Junto a uma Autobibliografia*). Ao que tudo indica, Kasten intencionava escrever uma biografia alentada do pastor, o que não veio a acontecer[22].

O que sabemos sobre nosso personagem após a condenação?

Johann Georg Tinius encetou a escrita de algumas obras de cunho teológico, como *Der jüngste Tag, wie und wann er kommen wird. In physischer, politischer und theologischer Hinsicht* (*O Juízo Final, Como e Quando Ele Virá. Do Ponto de Vista Físico, Político e Teológico*), publicado em 1837, em Weimar. Após doze anos no cárcere, Tinius deixou a prisão em 1835, aos 71 anos de idade. Viveu mais onze anos, parte do tempo, ao que parece, como ermitão, parte do tempo sob os cuidados de familiares. Faleceu em 24 de setembro de 1846.

A VIDA NOTÁVEL E INSTRUTIVA DO MESTRE:
FORTUNA EDITORIAL

No posfácio à mais recente edição alemã de *A Vida Notável e Instrutiva do Mestre*[23], Herbert Heckmann incorre em um erro estranhamente primário para um pesquisador: o desconhecimento da fortuna editorial do texto comentado. Sua análise e, mesmo, a reprodução do escrito de Tinius, apoiam-se no volume *in-octavo*, de 24 páginas, publicado em Halle, no ano de 1813[24]. Para o autor, trata-se da primeira edição impressa em caracteres tipográficos da narrativa autobiográfica do pastor bibliômano. O que é falso. Ao que tudo indica, a primeira edição do relato de vida de Johann Georg Tinius foi, na verdade, publicada em 1802. O escrito compõe um capítulo de *Biographischen und litterarischen Nachrichten von den Predigern im Kurfürstlich-Sächsischen Antheile der gefürsteten Graffschaft Henneberg, seit der Reformation*[25] (*Notícias Biográficas e Literárias dos Prelados do Distrito Eleitoral Saxão Pertencente ao Condado Principesco de Henneberg, Desde a Reforma*), obra compilada e editada em Leipzig, na tipografia de August Leberecht Reinicke, por Johann Georg Eck (1745-1808)[26].

Nesse denso volume, destinado a compor a biografia e as narrativas literárias dos religiosos de uma parcela da Saxônia, a narrativa de Tinius figura na parte relativa às "paróquias da província, em ordem alfabética" (*Land-Parochien, nach alphabetischer Ordnung*). Nosso personagem figura como o 16º pregador da quinta paróquia, em Heinrichs. O texto é introduzido pela seguinte informação: "O atual [pregador] é o senhor M[estre] Johann Georg Tinius, cuja notável e instrutiva vida compartilho em suas próprias palavras"[27]. Na sequência, lemos o relato de Tinius, na forma como vem agora traduzido nesta edição. Cumpre observar que a narrativa do clérigo, não obstante a peculiaridade de ser traçada pelas mãos do próprio biografado, é sobremaneira mais extensa do que a maioria dos outros relatos, os quais muitas vezes não ocupam mais do que um ou dois parágrafos.

Já o caso da publicação de 1813 é bastante curioso, pois se trata da reedição do texto originalmente publicado por Eck, embora se desconheça o autor dessa iniciativa. Teria sido o próprio Tinius? Um apoiador seu? Ou mesmo um adversário? Lembremos que o réu passou nada menos do que sete anos em prisão preventiva, entre 1813, quando foi capturado, e 1820, quando saiu a sentença, em primeira instância. Dez anos, se contada a pena cumprida até a conclusão do segundo e definitivo recurso. Desse modo, se Tinius foi o responsável direto pela publicação da segunda edição de seu texto, tê-lo-ia feito a partir do cárcere. Fato questionável, pois, de acordo com Sebastian Vogler, a vigilância sobre o investigado levou ao confisco de um sem-número de cartas de sua autoria, as quais jamais chegaram a seus destinatários. Essas missivas se dirigiam não raro a figuras de proa, como o reitor da Universidade de Berlim e o próprio rei da Prússia, Frederico Guilherme III (1770-1840), em uma tentativa certamente desesperada de negociar um possível relaxamento da pena, para a qual chegou a expor sua reputada biblioteca como moeda de troca. Para

Opitz, não parece infundada a hipótese segundo a qual o impresso publicado em Halle, em 1813, constitua uma *Raubdruck*, ou seja, uma edição pirata[28]. O autor sugere mesmo a possibilidade de ter sido obra de um inimigo, pois o réu teria perdido mais do que lucrado com a divulgação de sua autobiografia.

Notemos, outrossim, que a edição de 1813 apresentava algumas peculiaridades em relação ao texto original. No título, lia-se o seguinte acréscimo: *Pfarrers in Poserna in der Inspektion Weißenfels* (*Pastor em Poserna, na Inspeção de Weißenfels*)[29]. No final da narrativa, ou mais precisamente, na derradeira linha do livro, inseriu-se a seguinte informação: "Im Jahre 1809 erhielt dieser Biograph das Pastorat zu Poserna"[30] ("No Ano de 1809, este Biógrafo Recebeu o Pastorado de Poserna"). A nota foi impressa sob uma vinheta, elemento tipográfico que sugere um corte ou divisão no texto.

Publicadas em conjunturas diferentes e possibilitando o levantamento das mais diversas hipóteses, não é demasiado insistir sobre as duas edições do relato de Johann Georg Tinius que encontraram seu autor em vida.

Os indícios relativos à publicação da primeira (1802) e segunda (1813) edições do texto podem parecer de ordem secundária. No entanto, eles lançam ao menos dúvidas sobre a base de toda a interpretação que Herbert Heckmann faz deste documento. E, como apontado no tópico anterior, essas revelações levantam dúvidas sobre todas as análises que se valeram exclusivamente da auto-biografia e dos autos do processo publicados no *Neuen Pitaval*. Escusado insistir que esses escritos, por suas circunstâncias de produção, pareciam corroborar a tese da culpabilidade de Johann Georg Tinius. No que toca à autobiografia, pre-dominou a interpretação segundo a qual o escrito não passava de um ardil, por meio do qual o autor pretendia conduzir seu interlocutor a reconhecer no processo-crime o ato derradeiro de uma vida marcada pelo sofrimento, pela privação e pelas perseguições infundadas de invejosos. Enquanto isso, a publicação do resumo de um processo que expunha publicamente e, de forma humilhante, um pastor luterano, com todos os ingredientes para abalar uma opinião pública ainda muito frágil, naquele pequeno mundo circunscrito à coletividade saxônia, concorria para a construção de um homem perverso, ou no mínimo louco. Um homem que matava por livros (*Büchermörder*).

Ao ofício do historiador não cabe a responsabilidade de inculpar ou absolver qualquer pessoa, mas, sim, a de analisar criticamente as fontes documentais de que dispõe. Tal abordagem recomenda a leitura em profundidade da narrativa de Tinius, do ponto de vista estilístico, mas, também, dos possíveis *topoi* da literatura eclesiástica ali encontrados, seus arroubos autopiedosos e de vaidade, suas acusações de perseguição, malgrado a ausência da citação de nomes – (auto)censura? –, entre outros elementos inerentes à narrativa textual. O mesmo cuidado deve ser empreendido na análise de todo o processo que embasou sua condenação.

Não obstante o aparecimento de numerosos escritos sobre o pastor bibliômano durante todo o Oitocentos, apenas em 1924 veio a lume uma nova publicação de *A Vida Notável e Instrutiva do Mestre Johann Georg Tinius*. Uma edição fac-similar, de tiragem restrita (quinhentos exemplares), possivelmente destinada a colecionadores, acompanha um estudo psicanalítico do suposto assassino, a cargo de Gustav Adolf Erich Bogeng (1881-1960)[31]. Nesses tempos, o termo bibliomania já se cristalizara como uma patologia, objeto de interesse (e curiosidade) de médicos, psicanalistas, criminalistas, literatos, mas, especialmente, daqueles que não pareciam preocupados em traçar linhas muito rígidas entre o amor e a paixão pelos livros.

AMOR E PAIXÃO: A FORTUNA DOS LIVROS

Nos tempos em que se passa essa história, as manifestações exacerbadas de apego aos livros eram amiúde recebidas com severidade. Lembremos que mal o processo-crime transcorria na justiça, a Igreja tratou de exonerar nosso personagem do sacerdócio. A peça acusatória preparada por Doutor Johann Georg Rosenmüller se apoiou, justamente, na ideia de que Tinius representava o "exemplo terrível" de um homem que se deixou "dominar por uma única paixão"[32]. E as imagens evocadas nesse discurso são suficientemente persuasivas para fazer estremecer o leitor ou o amante de livros mais incauto. É possível que a força argumentativa daquele respeitável doutor de confissão luterana tenha suas raízes nas bases morais de uma religião fundada na prática intimista, hodierna e disciplinada da leitura. Os seminários luteranos testemunham o apreço de seus religiosos pelos livros, para os quais não pouparam esforços no sentido de compor coleções eruditas, que em nada deviam às melhores e mais tradicionais bibliotecas católicas, em uma geografia nada óbvia[33]. Pois, como se depreende das palavras de Rosenmüller, o pecado não residia na posse dos livros, mas na soberba. No fato de se ter "ofuscado pelo orgulho e a vaidade"[34]. A imagem do livro que ilumina e ofusca, em um jogo metonímico do conhecimento cuja luz cega os olhos – pensemos no mito da caverna, de Platão – foi muito recorrente no

Setecentos – não por acaso, *Siècle des Lumières*, ou *Aufklärung*, ou ainda *Enlightenment*, do ponto de vista das Repúblicas das Letras.

Destarte, menos tênue do que a linha que divisa o amor e a paixão era a fronteira que se estabelecia entre os intelectuais confiantes no poder do livro e da leitura contra as trevas do irracionalismo e do misticismo, e aqueles que teimavam em ver no interesse compulsivo pelos livros um sinal de vaidade e perdição. E não se trata, aqui, de encerrar essa cissura no ambiente religioso. Também a classe política, particularmente temerosa dos efeitos deletérios da ampliação das camadas leitoras sobre o *status quo*, teimava em atacar o excesso de livros e de impressos em geral. Devemos recordar, à luz de Jürgen Habermas, que no final do século XVIII o público de classe média alemão passou a ter especial predileção pelas notícias e debates vindos da França e da Inglaterra[35]. Esse estado de coisas foi frequentemente lamentado pelas classes conservadoras. Para Friedrich von Gentz (1764-1832), "esta obsessão pelos livros

(*Bücherwuth*) já está se movendo de um país a outro e de uma classe da sociedade a outra"[36]. Logo, o radicalismo que emanou da França e se espalhou através da literatura por toda a Europa, "destruiu o equilíbrio das ideias políticas"[37]. Soa, portanto, muito familiar a postura adotada pelo doutor luterano, Rosenmüller, e aquela expressa por um político prussiano antirrevolucionário, Gentz, frente ao aumento descontrolado da produção de livros e de impressos, que circulavam por todas as partes, encontrando guarida entre novos leitores. O mesmo vício que conduzira Tinius "ao mais profundo abismo da destruição", na opinião do religioso, estava, para o político, na raiz da "destruição do equilíbrio das ideias políticas". Ambos pareciam concordar, segundo uma mentalidade profundamente enraizada no Antigo Regime, que a paixão pelos livros corroía a ordem natural das coisas.

A distinção que se opera entre *equilíbrio* e *obsessão* vai de par com a oposição lenta e gradual que se observa entre os termos *bibliomania* e *bibliofilia*, como bem observa Yann Sordet[38]. Segundo o autor, em meados do século XIV, Richard de Bury (1287-1345) faz uso de uma fórmula grega e "invertida", *Philobiblon*, para designar "o desejo ardente e exclusivo de adquirir um livro"[39]. Difícil exigir desse monge tão profundamente ligado aos livros que demarcasse, com sinceridade, a fronteira entre o amor e a paixão. O mesmo sentimento se aplica ao médico Guy de Patin (1601-1672), séculos mais tarde, ao classificar como "fantasia" e "caprichosa bibliomania" os esforços para a composição de uma das mais reputadas bibliotecas particulares de Paris – *est lumen oculorum meorum et laborum solatium* (é a luz dos meus olhos e conforto das minhas penas)[40]. Mas foi nesse mesmo século, em que se avolumam as bibliotecas particulares de nobres e altos burgueses[41], o que faz do livro um componente de distinção social, mas também de fina expressão de luxo e de bom gosto – a exemplo do que se observara, um século antes, quando as bibliotecas reais e principescas se apresentavam ao mundo como símbolo de um Estado forte e culto – que a palavra bibliomania passou a adquirir uma conotação pejorativa, segundo definição impressa, em 1694, no *Dictionnaire de l'Académie*[42].

Deve-se, portanto, ponderar que a atitude severa do doutor da Igreja, no sentido de condenar os excessos de Tinius, em seu desejo de "possuir uma numerosa coleção de livros, travar conhecimento com os mais notáveis eruditos e através disso alcançar fama e honradez"[43], em muito se assemelha ao pensamento de Louis Bollioud-Mermet (1709-1794), quando denuncia os mesmos vícios, gerados pela paixão destrutiva dos livros, em seu *De la Bibliomanie* (1761)[44]. É bem verdade que a desconfiança sustentada por Bollioud-Mermet de que o apego desmedido pelos livros não produzia necessariamente leitores e estudiosos vorazes, adquire contornos dramáticos apenas no avançar do século XIX, quando o desenvolvimento da indústria gráfica e o espessamento das camadas leitoras logram sepultar as estruturas rígidas do Antigo Regime. O caso Tinius se situa no limiar desse grande debate que confronta a dilapidação de bibliotecas religiosas e leigas (de aristocratas, nobres e burgueses decaídos) e a massificação do mercado editorial.

Essas mudanças estruturais, que caracterizam a economia do livro nas primeiras décadas do Oitocentos, provocam alterações importantes no comportamento, mas também na percepção dos colecionadores em relação às suas práticas livrescas. Em 1809, o Doutor John Ferriar (1761--1815) e Thomas Frognall Dibdin (1776-1847)[45] apresentam ao leitorado anglo-saxão a palavra *bibliomania* como uma "doença destrutiva". Uma "loucura amável" e até desejada. Mas, ainda assim, uma loucura, uma patologia. Em 1861, Paul Lacroix (1806-1884) coloca uma pedra de cal na questão: o gosto salutar pelos livros, comum aos bibliófilos, opõe-se ao apego pervertido, próprio aos bibliômanos[46]. Essa distinção tão precisa, quanto duvidosa, na prática, guardava certamente uma relação estreita com as notícias de crimes envolvendo livros estampadas nas páginas policiais; as mesmas, cumpre ressaltar, que alimentavam a imaginação de vários escritores. Ou seja, a história e a ficção criaram os elementos que faltavam para que a ideia de bibliomania estivesse intimamente relacionada a atividades criminosas. A mera lembrança de Tinius, na Alemanha, ou do Conde Libri (1803-1869)[47], na França, ou ainda do não menos célebre livreiro de Barcelona[48] testemunha, de forma eloquente, a ligação dos bibliômanos com o submundo do crime[49].

A oposição entre bibliofilia e bibliomania pesava sobre a valoração das bibliotecas. As coleções dos bibliômanos eram geralmente desqualificadas, sob o argumento de que a obsessão e o excesso ofuscavam a inteligência e o bom senso, logo, impediam a formação de uma biblioteca coesa e equilibrada, tanto de raridades, quanto de obras úteis ao espírito. Não parece inexato assumir um veio classista nesse tipo de julgamento, sobretudo quando se observa um processo de institucionalização da bibliofilia[50]. Deve-se, portanto, considerar que os diferentes juízos que pesam sobre a coleção de Tinius não estão isentos das coerções históricas, que associam fatalmente os livros à imagem de um assassino, mas, também, dos estigmas que se depositaram sobre as coleções formadas pela prática compulsiva e acumuladora dos bibliômanos.

Tais ponderações nos conduzem a uma derradeira pergunta: como avaliar a fortuna dos livros sofregamente e – ao que tudo indica – compulsivamente acumulados por Johann Georg Tinius?

Das primeiras leituras religiosas, tomadas no ambiente familiar, sob a ameaça perturbadora dos castigos físicos que lhe impunha a mãe, à lembrança mais terna que Tinius evoca da vida familiar, quando o pai lhe oferece uma Bíblia, adquirida por doze tostões, no momento em que nosso personagem era lançado ao mundo para completar os estudos e sua vocação sacerdotal, não se depreende de sua escrita um só momento em que pequenas alegrias tenham sido, em verdade, momentos fugazes de uma vida marcada por privações. Todavia, são muito raras as circunstâncias nas quais o autor expõe o que poderíamos imaginar como breves lampejos motivados pela posse de um livro.

E ele certamente conhecera alguns prazeres memoráveis em meio aos livros, como atestam seus biógrafos. Ao arrematar a biblioteca do teólogo Johann A. N. Nösselt (1734-1807), de Halle, cujo catálogo foi publicado em 1810, por quatrocentos táleres a mais que o próprio rei da Prússia[51], Tinius tomou para si edições raras de Bíblias e cartas originais de Lutero, Melanchton, Aurifaber, Scaliger, Kirchner, Comenius, dentre muitos pensadores, em edições raras. Em Frankfurt an der Oder, arrematou os livros do pedagogo Johann Friedrich Heynatz (1744-1809). Do espólio de Friedrich Bast (1771-1811), diplomata e helenista, que se dedicou a estabelecer, ele mesmo, cópias e excertos de manuscritos gregos da Biblioteca de Paris, arrematou outras boas edições, demonstrando sua atenção especial aos leilões que corriam noutras praças, pois os livros lhe foram enviados da "cidade luz". A correspondência mantida com sábios europeus é atestada pelas cópias que o Barão de Sacy (1753-1838) lhe enviou de manuscritos caldeus e aramaicos. A cobiçada Bíblia Poliglota Complutense, este primeiro projeto de impressão multilíngue do texto sagrado, concebido, liderado e financiado pelo cardeal Francisco Jiménez de Cisneros (*c.* 1436-1517)[52], custou-lhe 364 táleres. Assim, a pequena freguesia de Poserna não demorava a ser o centro das atenções de colecionadores, estudantes e curiosos, atraídos por essa inacreditável biblioteca – por seu conteúdo, mas, também, pelos recursos materiais estimados para um homem de sua categoria, ou seja, um pastor provinciano.

Essas breves notas, tomadas, em grande parte, do inventário da biblioteca posta em venda pública, em 1821[53], e das peças acusatórias insertas no processo-crime, certamente deixam muito a desejar no que toca a uma visão de conjunto da coleção de Tinius. Elas se calam sobre outros interesses, no campo da literatura religiosa, da história, dos estudos orientais, dos relatos de viagens, das biografias e memórias e, por que não, das belas-letras, para citar apenas algumas seções mais frequentadas nos catálogos de leilões publicados nessa época. O que dizer, então, sobre os manuscritos, arrolados em um tópico, ou mesmo em um volume à parte, em virtude da especificidade de seu público? E, finalmente, como tratar dos livros cobiçados, mas jamais alcançados por esse humilde sacerdote? Herbert Heckmann lança luz sobre as bibliotecas do estadista Johann Melchior Birkenstock (1738-1809), de Viena, e do historiador Christoph Gottlieb von Murr (1733-1811), de Nuremberg, as quais não foram adquiridas por nosso personagem, pois lhe faltaram recursos[54].

Segundo a apreciação de Gustav Adolf Erich Bogeng (1881-1960), autor do ensaio que precede a reedição de *A Vida Notável e Instrutiva do Mestre*, em 1924, a biblioteca de Tinius é a de um erudito, "onde entre as raridades editadas é possível procurar peças preciosas, as quais, de acordo com a moda da bibliofilia, em seu tempo, teriam sido altamente avaliadas"[55]. Porém, sua opinião não é unânime. O próprio Heckmann aposta na imagem de uma biblioteca dotada de livros acumulados por compulsão, portanto, sem critério e sem espírito[56]. Ou seja, a coleção de um bibliômano.

Fixemos, no entanto, nosso olhar sobre a carta que Goethe endereçara ao livreiro Weigel, na qual expressa seu particular interesse sobre a coleção de Tinius. Ao fim e ao cabo, Goethe adiquiriu para Jena apenas dezessete títulos, conformando um total de 87 volumes[57]. Uma análise cuidadosa do acervo bibliográfico de nosso personagem resta ainda por fazer. Contudo, o artigo de Sebastian Vogler lança luz sobre uma parcela daqueles livros adquiridos por Goethe para a Biblioteca de Jena. As dezessete obras foram distribuídas por cinco seções principais de organização da biblioteca: oito sob a designação História Eclesiástica, seis em História Literária, uma na seção de Direito, uma em *Opus Theologorum* e uma em Teologia. Em seguida, foram destinadas a onze subseções. É certo que a organização diz algo sobre a biblioteca leiloada, mas sobretudo acerca dos sistemas de classificação bibliográfica[58] adotados por Goethe em sua empreitada de organização e gestão da biblioteca[59]. Algumas das obras que migravam das prateleiras do pastor bibliômano para a biblioteca da Turíngia, perscrutadas por Sebastian Vogler, foram os periódicos *Journal Britannique*, em 25 volumes, editado pelo médico inglês Matthew Maty e a Bibliothèque Impartiale, reencadernada em dezoito volumes e publicadas por huguenotes, bem como a notável *Historia Universitatis Parisienses*, de Caesar Egassius Bulaeus, em seis volumes – obra mais cara dentre as compradas por Goethe naquele leilão, sinalizada no catálogo com a expressão autoexplicativa *opus rarissimum obvium* –, a *Histoire des Hommes Illustres de l'Ordre de Saint Dominique*, de Antoine Touron, em seis volumes publicados entre 1745 e 1749, e *The History of the Donatists*, de Thomas Long[60]. Informações tomadas mais ou menos ao acaso, exprime-se aqui somente um tom mais colorido da coleção de obras que teriam levado Johann Georg Tinius aos mais cruéis atos.

Nesse ponto, é preciso assumir que Tinius constituiu uma biblioteca colossal. A literatura dá conta de quarenta mil volumes, ou sessenta mil, pois não há consenso em relação aos números[61]. Mesmo por isso, Sebastian Vogler aventa a hipótese de que a biblioteca teria sido dilapidada pela antiga esposa de Tinius; divorciada, desde o encarceramento do clérigo, em 1813, apenas em 1821 ela partiu para a venda pública dos livros[62]. Nesse meio tempo, os objetos do amor de Tinius devem ter se espalhado por vários rincões europeus – e talvez americanos, por que não?[63] Sem uma marca própria de identidade[64], talvez nunca conheçamos o destino daqueles volumes. Em todo caso, trinta, quarenta ou sessenta mil peças constituem enorme soma para os padrões da época, mesmo entre os bibliófilos mais afortunados. Dir-se-ia, um esforço notável.

Quanto aos crimes pelos quais fora julgado e condenado, uma via possível de interpretação é a de Klaus Seehafer:

Nossas reflexões sobre culpa e inocência do mestre acabam, contudo, uma vez mais, no vazio. Somos mais cuidadosos e escrupulosos que seus contemporâneos, os quais, no entanto, estavam mais próximos cronologicamente de seu caso e, com isso, dos indícios. No fim, teremos que declarar livre o Mestre Tinius, simplesmente por ausência de provas. *In dubio pro reo*[65].

NOTAS

1. Weigel foi um importante livreiro especializado no comércio de comissão e em leilões públicos. A atuação reconhecida nesta área lhe valeu o posto de organizador oficial de vendas em leilão da Universidade de Leipzig. Pouco mais tarde, ele abriria a primeira sala especializada em vendas públicas na Alemanha, seguindo um modelo já consolidado na França e na Inglaterra. Amante de objetos de arte e de livros, este alfarrabista de primeira linha publicou trabalhos bibliográficos de grande importância em seu tempo: *Apparatus Litterarius* (1807) e *Index Librorum Bibliophili Weigelli* (1838).

2. Stefanie Stockhorst, "Inszenierte Spurensuche. Detlef Opitz' Roman, Der Büchermörder, und die Literatur über den Kriminalfall des Johann Georg Tinius", *Text + Kritik: Zeitschrift für Literatur*, v/14, Sonderband *Kriminalfallgeschichten*, herausgegeben von Alexander Košenina, München, edition text+kritik; Richard Boorberg Verlag, 2014, p. 212.

3. Sebastian Vogler, "'Angekauft Tiniussche Auction in Leipzig...': Bücher aus der Bibliothek eines vermeintlichen Mörders in der Thüringer Universitäts- und Landesbibliothek Jena", *Archiv für Geschichte des Buchwesens*, Bd. 67, hrsg. von Ursula Rautenberg und Ute Schneider, Berlin/Boston, De Gruyter, 2012, p. 129. Salvo menção contrária, as traduções são livres e dos autores.

4. Cf. Frédéric Barbier, *L'Empire du Livre: Le Livre Imprimé et la Construction de l'Allemagne Contemporaine (1815-1914)*, Paris, Cerf, 1995 (Bibliothèque Franco-allemande).

5. Stefanie Stockhorst, "Inszenierte Spurensuche. Detlef Opitz' Roman 'Der Büchermörder', und die Literatur über den Kriminalfall des Johann Georg Tinius", p. 212.

6. Alexander Košenina, "Tinius kommt!", *Frankfurter Allgemeine Zeitung*, 17.11.2005, Nr. 268, p. 34. Disponível *on-line* em: www.faz.net/-gr4-rhxp. Acesso em: 11 jan. 2021.

7. Doutor Johann Georg Rosenmüller, *Rede bey der öffentlichen Degradation des Pfarrers zu Poserna M. Johann Georg Tinius am 31. März 1814 in der Nikolaikirche zu Leipzig gehalten und auf Verlangen dem Druck übergeben, nebst einem Vorbericht* (Discurso *Proferido na Degradação Pública do Pastor de Poserna, Mestre Johann Georg Tinius, em 31 de março de 1814, na Igreja de São Nicolau de Leipzig, Dado à Impressão sob Demanda, Junto a um Relatório Precedente*), Leipzig, in der Sommerschen Buchhandlung *apud* Herbert Heckmann, "Magister Tinius", *Merkwürdiges und lehrreiches Leben des M. Johann Georg Tinius, Pfarrers zu Poserna in der Inspektion Weißenfels Von ihm selbst entworfen*, Berlin, Friedenauer Presse, [1989], pp. 18-19.

8. Herbert Heckmann, "Magister Tinius", *op. cit.*, p. 21.

9. Sebastian Vogler, "Angekauft Tiniussche Auction in Leipzig...", p. 128.

10. *Der neue Pitaval: Eine Sammlung der interessantesten Criminalgeschichten* [*sic*] *aller Länder aus älterer und neuerer Zeit*, Vierter Theil, Herausgegeben vom Criminaldirector [*sic*] J[ulius] E[duard] Hitzig und Dr. W. Häring (W[illibald] Alexis), Leipzig, F[riedrich] A[rnold] Brockhaus, 1843. (Exemplar digitalizado: Münchner Digitalisierungszentrum (MDZ). Digitale Bibliothek/Bayerische Staatsbibliothek, BSB).

11. Segundo Klaus Seehafer, Willibald Alexis era o pseudônimo de Wilhelm Häring (Klaus Seehafer, *Magister Tinius: Lebensbild eines Verbrechers aus Büchergier*, Mainz, Verlag André Thiele, 2013, p. 278). Curioso é que ambos os nomes aparecem no frontispício do *Neuen Pitaval*.

12. Sebastian Vogler, "Angekauft Tiniussche Auction in Leipzig...", p. 125.

IN DUBIO PRO REO: SOBRE A VIDA NOTÁVEL...

13. *Idem*, *ibidem*.

14. Herbert Heckmann, "Magister Tinius", *op. cit.*, pp. 17-24.

15. Detlef Opitz, *Der Büchermörder: ein Criminal*, Berlin, Eichborn, 2005, p. 73 (cf. Klaus Seehafer, *Magister Tinius: Lebensbild eines Verbrechers aus Büchergier*). A citação de Detlef Opitz aparece na forma de uma espécie de epígrafe à bibliografia comentada da obra. Uma curiosidade do trabalho de Klaus Seehafer é que, conforme a página de créditos, ela foi editada em Mainz, mas revisada e composta em Osaka e impressa e encadernada em Israel, pela empresa Anrop Ltd., de Jerusalém. Peculiar caso de globalização editorial.

16. Klaus Seehafer, *Magister Tinius: Lebensbild eines Verbrechers aus Büchergier*, p. 296.

17. Sebastian Vogler, "Angekauft Tiniussche Auction in Leizig...", pp. 125-126. Stefanie Stockhorst menciona a cassação e destruição dos autos do processo, mas isso teria ocorrido após a redação do artigo no *Neuen Pitaval* (Stefanie Stockhorst, "Inszenierte Spurensuche. Detlef Opitz' Roman 'Der Büchermörder, und die Literatur über den Kriminalfall des Johann Georg Tinius", p. 220). A informação originar-se-ia do artigo de 1901/1902 de Theodor Distel, "Zur Bibliothek des Pfarrers Mg. Tinius zu Poserna", *Deutsche Zeitschrift für Kirchenrecht* (*Revista Alemã de Direito Eclesiástico*), 3ª fase, vol. 11, 1901/1902, pp. 473 e ss.). Mas Theodor Distel já publicara, em 1894, artigo na mesma revista de direito eclesiástico, em que apontava o sumiço da documentação, fato que lhe teria sido confiado pelo coetâneo ministério da justiça prussiano (Theodor Distel, "Oeffentliche Degradation eines königlich-sächsischen Geistlichen (des Pfarrers Tinius 1814)", *Deutsche Zeitschrift für Kirchenrecht* (*Revista Alemã de Direito Eclesiástico*), vol. 4, 1894, pp. 325-328). No entanto, conforme Klaus Seehafer, isso seria uma falácia. Em primeiro lugar, porque Theodor Distel se refere,

em termos documentais, ao livreto de vinte páginas publicado sobre a degradação clerical de Johann Georg Tinius, do ano de 1814. Isto é, quando o processo de Tinius apenas havia sido transferido do tribunal eclesiástico para o civil. Dessa forma, seriam tão somente os documentos relativos ao processo de direito eclesiástico que teriam sido maculados. Mas Seehafer aponta que essa documentação não desaparecera, encontrando-se disponível no Arquivo Municipal de Zeitz (Stadtarchiv Zeitz) O segundo ponto de crítica de Seehafer, contudo, é conclusivo: "E descrever o *Pitaval*, ainda preso a muitos equívocos e lacunas para aquele período [de escrita do artigo de Distel], como fonte foi, no mínimo, precipitado" (Klaus Seehafer, *Magister Tinius: Lebensbild eines Verbrechers aus Büchergier*, p. 280).

18. Um exemplar de colecionador à venda na plataforma digital alemã de antiquários zvab traz, conforme dados do vendedor (Antiquariat Tautenhahn, de Lübeck, Alemanha) a seguinte marca impressa: "Verfasst, gesetzt, gedruckt als Manuskript unter Bombenterror im Winter 1943/44" (Escrito, composto e impresso como manuscrito sob o terror das bombas no inverno de 1943/44). Estando muito provavelmente em Bremen no inverno europeu de 1943/1944, é possível que Kasten tenha permanecido na Alemanha, contradizendo a suposição de que ele mesmo transportara a documentação para os Estados Unidos, a não ser que o tenha feito apenas no ano derradeiro do conflito bélico. Dados da edição provisoriamente disponíveis em: www.zvab.com/servlet/BookDetailsPL?bi=30775713991&searchurl=an%3Dhans%2Bkasten%26hl%3Don%26sortby%-3D20&cm_sp=snippet-_-srp1-_-image28#&gid=1&pid=1. Acesso em: 14 jan. 2021.

19. Hans Kasten Papers on Johann Georg Heinrich Tinius, 1780-1953 (ms Ger 149). Houghton Library, Harvard Univer-

sity. Disponível em: id.lib.harvard.edu/ead/hou02170/catalog. Acesso em: 9 jan. 2021. Cumpre notar que a referência aos Hans Kasten Papers é a única em que o nome de Tinius aparece acrescido de "Heinrich", aparente equívoco, pois a grafia do nome do pastor não aparece dessa forma em outras fontes.

20. Hans Kasten Papers on Johann Georg Heinrich Tinius, 1780-1953 (MS Ger 149).

21. Hans Kasten, *Magister Johann George Tinius: Versuch einer Bibliographie mit einer Einleitung von ihm selbst und einem Vorwort nebst einer Autobibliographie*, Borgfeld, s.n., 1944 (Bremer Liebhaber-Druck, 9).

22. Sebastian Vogler, "Angekauft Tiniussche Auction in Leipzig...", p. 126.

23. Não sabemos se se trata de mera coincidência ou de uma tentativa deliberada o esforço de se fazer passar a edição de 1989 como um fac-símile daquela impressa em 1813. Notemos que a paginação da brochura é feita apenas em numerais arábicos – não há uma parte em romanos –, embora o texto principal, dito fac-similar, ocupe apenas as primeiras dezesseis páginas. Isto é, ou bem a edição mais recente prescindiu de trechos textuais ou paratextuais do original de 1813, ou bem a composição tipográfica se reservou o direito de condensar um texto que, a princípio, apresentava 24 páginas. Apenas o cotejo das duas obras permitiria solucionar essa questão. A edição utilizada para a presente tradução veio a lume pela editora berlinense Friedenauer Presse, de propriedade de Katharina Wagenbach. O volume apresenta capa e contracapa em branco, envolvidas por uma sobrecapa amarela. A edição é bem econômica, desprovida até mesmo de folha de rosto. A primeira página já se inicia pela reprodução fac-similar (ou, pelo menos, em *Fraktur*) do relato tiniusiano. A data de publicação não se encontra grafada em qualquer espaço paratextual do

livro, de modo que o ano de 1989 lhe foi "atribuído". No pé da capa foi acrescida ao título a seguinte informação: "Mit einem Essay von Herbert Heckmann" (Com um Ensaio de Herbert Heckmann).

24. A obra é extremamente rara, mas pode ser encontrada, conforme buscas atuais, na Staatsbibliothek zu Berlin (Preußischer Kulturbesitz) e na biblioteca de sua cidade natal, ou seja, na Universitäts- und Landesbibliothek Sachsen-Anhalt.

25. *Biographische und litterarische Nachrichten von den Predigern im Kurfürstlich-Sächsischen Antheile der gefürsteten Graffschaft Henneberg, seit der Reformation*, gesammelt und herausgegeben von M. Johann Georg Eck, Leipzig, August Leberecht Reinicke, 1802, pp. 298-318.

26. A obra possui 357 páginas numeradas, mais uma página com uma errata (*Druckfehler*) e uma folha dobrada com dados biográficos. A página inicial, não numerada, possui um retrato de "Ioh. Georg Eck", conforme a legenda, pastor em Kühndorf, nascido em 1709 e falecido em 1784. Mas não se deve confundi-lo com o autor da obra: trata-se de seu pai, homônimo. O prefácio (*Vorrede*) possui oito páginas em numerais romanos – mas que contam na numeração seguinte – e é assinado pelo autor em Leipzig, a 31 de agosto de 1802. Após uma introdução, a obra segue pela enumeração dos pastores, arquidiáconos e diáconos de cada freguesia; ao fim, prescinde de um sumário, mas traz um índice [*Register*] dividido entre as vinte paróquias e os 327 pregadores que aparecem na obra, ver Friedrich August Eckstein, "Eck, Johann Georg", em *Allgemeine Deutsche Biographie* 5 (1877), pp. 602-603. Disponível em: www.deutsche-biographie.de/pnd100117929.html#adb-content, bem como Friedrich August Eckstein, "Eck, Johann Georg", *Allgemeine Deutsche Biographie* 5 (1877), S. 603-604.

IN DUBIO PRO REO: SOBRE A VIDA NOTÁVEL...

Disponível em: www.deutsche-biographie.de/pnd120974770.html#adbcontent. Acessos em: 13 jan. 2021.

27. *Biographische und litterarische Nachrichten von den Predigern im Kurfürstlich-Sächsischen Antheile der gefürsteten Graffschaft Henneberg, seit der Reformation*, gesammelt und herausgegeben von M. Johann Georg Eck, p. 298.

28. Stefanie Stockhorst, "Inszenierte Spurensuche. Detlef Opitz' Roman 'Der Büchermörder' und die Literatur über den Kriminalfall des Johann Georg Tinius"; e Klaus Seehafer, *Magister Tinius: Lebensbild eines Verbrechers aus Büchergier*, Mainz, Verlag André Thiele, 2013, p. 273.

29. Sebastian Vogler, "'Angekauft Tiniussche Auction in Leizig...': Bücher aus der Bibliothek eines vermeintlichen Mörders in der Thüringer Universitäts- und Landesbibliotek Jena'", p. 125.

30. *Idem, ibidem.*

31. *Merwuerdiges und lehrreiches Leben des M. Johann Georg Tinius, Pfarrers zu Poserna in der Inspektion Weißenfels Von ihm selbst entworfen*, herausgegeben von Gustav Adolf Erich Bogeng, Heidelberg, Weißbach, 1924 (*Pandaemonium*, Erstes Heft). Bogeng é apresentado como jurista e um dos maiores bibliófilos e especialistas nas artes do livro da Alemanha ("Bogeng, Gustav Adolf Erich", Indexeintrag: *Deutsche Biographie*, www.deutsche-biographie.de/pnd118164201.html. Acesso em: 14 jan. 2021).

32. Doutor Johann Georg Rosenmüller, *Rede bey der öffentlichen Degradation des Pfarrers zu Poserna M. Johann Georg Tinius am 31. März 1814 in der Nikolaikirche zu Leipzig gehalten und auf Verlangen dem Druck übergeben, nebst einem Vorbericht,* Leipzig, in der Sommerschen Buchhandlung *apud* Herbert Heckmann, "Magister Tinius", em *Merkwürdiges und lehrreiches Leben des M. Johann Georg Tinius, Pfarrers zu Poserna in der Inspektion*

Weißenfels Von ihm selbst entworfen, Berlin, Friedenauer Presse, [1989], pp. 18-19.

33. István Monok, *Les Bibliothèques et la Lecture dans le Bassin des Carpates (1526-1750)*, Paris, Honoré Champion, 211.

34. Doutor Johann Georg Rosenmüller, *Rede bey der öffentlichen Degradation des Pfarrers zu Poserna M. Johann Georg Tinius...*, *apud* Herbert Heckmann, "Magister Tinius", *op. cit.*, p. 19.

35. Cf. Jürgen Habermas, *Mudança Estrutural da Esfera Pública: Investigações sobre uma Categoria da Sociedade Burguesa*, com prefácio à edição de 1990, tradução e apresentação de Denilson Luís Werle, Unesp, 2014 [1ª ed. al.: *Strukturwandel der Öffentlichkeit: Untersuchungen zu einer Kategorie der bürgerlichen Gesellschaft*, Frankfurt am Main, Suhrkamp, 1962].

36. Friedrich von Gentz, "Einleitung", *Betrachtungen über die französische Revolution / Nach dem Englischen des Herrn Burke / neu berarbeitet mit einer Einleitung, Anmerkungen und politischen Abhandlungen von Friedrich von Gentz*, In zwei Theilen, Erster Theil, Dritte Auflage. / Braunschweig, Verlag von Friedrich Vieweg und Sohn, 1838, p. 3.

37. *Idem*, pp. 5-6.

38. Yann Sordet, "Bibliophilie", *Dictionnaire Encyclopédique du Livre*, sous la direction de Pascal Fouché, Daniel Péchoin, Philippe Schuwer, Paris, Éditions du Cercle de la Librairie, 2005, pp. 281-286.

39. Richard de Bury, *Philobiblon,* tradução e notas de Marcelo Cid, Cotia-SP, Ateliê Editorial, 2007, p. 34.

40. Lettre de Guy Patin à Charles Spon, le 20.12.1652, *apud* Loïc Capron, *Correspondance Complète et Autres Écrits de Guy Patin*, édités par Loïc Capron, Paris, Bibliothèque Interuniversitaire de Santé, 2018. Disponível em: www.biusante.parisdescartes.fr/patin/?do=pg&let=7001. Acesso em: 19 mar. 2021.

IN DUBIO PRO REO: SOBRE A VIDA NOTÁVEL...

41. *Lectures Princières et Commerce du Livre. La Bibliothèque de Charles III de Croÿ et sa Mise en Vente (1614)*, Paris, Fondation d'Arenberg, Société des Bibliophiles François, Éditions des Cendres, 2017, 2 vols.

42. Yann Sordet, "Bibliophilie", *op. cit.,* p. 282. Para uma breve síntese da história e dos usos da palavra "bibliomania", cf. Eliana Raytcheva, "Bibliomane", *Dictionnaire Encyclopédique du Livre*, pp. 279-280.

43. Doutor Johann Georg Rosenmüller, *Rede bey der öffentlichen Degradation des Pfarrers zu Poserna M. Johann Georg Tinius...*, *apud* Herbert Heckmann, "Magister Tinius", *op. cit.*, p. 19.

44. [Louis Bollioud-Mermet], *De la Bibliomanie*, A la Haie, s.n., M.DCC.LXI.

45. Em "Advertência ao Leitor", escreve o Reverendo: "Ao expor ao público o seguinte relato breve e superficial de uma doença que, até chamar a atenção do Dr. Ferriar, havia escapado inteiramente à sagacidade de todos os médicos antigos e modernos, meu objetivo foi abordar principalmente suas principais causas e características; e apresentar ao leitor (na linguagem de meu velho amigo Francis Quarles) uma informação 'honesta e valiosa', que pode, no final, suprimir ou amenizar as devastações de uma doença tão destrutiva. Eu poderia facilmente ter aumentado o tamanho deste tratado com a introdução de muito material adicional, e não sem curiosidade; mas achei mais prudente esperar o resultado da presente 'prescrição', ao mesmo tempo simples em sua composição e suave em seus efeitos" (Thomas Frognall Dibdin (Reverend), *Bibliomania or Book-Madness. A Bibliographical Romance, Illustrated with Cuts. New and Improved edition, to wich are Added Preliminary Observations, and a Supplement Including a Key to the Assumed Characters in the Drama,* London, Chatto & Windus, Piccadilly, 1876 [1ª ed. 1809]).

46. Paul Lacroix, *Ma République* (1861), *apud* Yann Sordet, "Bibliophilie", *op. cit.*, p. 281.

47. Dentre os muitos estudos voltados para o célebre ladrão de livros Conde Libri (1803-1869), cf. André Jammes, *Libri Vaincu & Secrets Bibliographiques,* Paris, Éditions des Cendres, 2008.

48. O "Crime do Livreiro Catalão" veio à lume, pela primeira vez, como uma notícia-crime publicada em 23 de outubro de 1836, pela *Gazette des Tribunaux*, na França. Embora se tratasse de uma publicação destinada a publicar resenhas de processos e julgamentos ocorridos na França, a veracidade da narrativa foi contestada, tendo sido atribuída a Prosper Mérimée (1803-1870), ou a Charles Nodier (1870-1844), o autor mais provável. A história desse livreiro assassino condenado à morte, em Barcelona, inspirou muitos outros autores, dentre os quais, Gustave Flaubert (1821-1880) (Gustave Flaubert, *Bibliomania.* Seguido do *Crime do Livreiro Catalão,* trad. Carlito Azevedo, Rio de Janeiro, Casa da Palavra, 2001).

49. Ao apresentar nosso personagem, em 1893, como "um criminoso louco por livros" (*ein Verbrecher aus Bücherwuth*], Eduard Schulte parece não fazer caso do uso já bastante corrente, pelo menos na França e na Inglaterra, do termo "bibliomania". No entanto, a palavra *bibliomanie* será incorporada ao vernáculo alemão, como atesta o *Reclam Sachlexikon des Buches*, de Ursula Rautenberg, definida como o "colecionismo de livros, que leva o bibliófilo à obsessão (psicopatológica)". O critério para avaliar a coleção do bibliômano é igualmente significativo: "Para os bibliômanos, os livros são objetos mágicos, que ele precisa possuir, malgrado critérios de escolha desempenharem um papel tão somente secundário" (*Reclams Sachlexikon des Buches: Von der Handschrift zum E-Book*, herausgegeben von Ursula Rautenberg, 3. ed., Stuttgart, Reclam,

2015). Conforme o *Etymologisches Wörterbuch des Deutschen*, a palavra *Bibliomanie*, definida como "amor exagerado aos livros, mania de colecionar livros (*Büchersammelwut*)", teria aparecido no século XIX, enquanto *Bibliomane* (bibliômano) por volta de 1800 ("Bibliomanie", em Wolfgang Pfeifer *et al.*, *Etymologisches Wörterbuch des Deutschen*, digitalisierte und von Wolfgang Pfeifer überarbeitete Version im *Digitalen Wörterbuch der deutschen Sprache*, 1993. Disponível em: www.dwds.de/wb/etymwb/Bibliomanie. Acesso em: 30 mar. 2021). Cumpre lembrar que o relato do *Neuen Pitaval* sobre o caso de Tinius, edição de 1843, utilizava a mesma palavra. Ao introduzir a avaliação do Dr. Rosenmüller sobre as características do suposto assassino, o autor do relato jurídico aponta que "Tinius tornou-se praticante de latrocínio por bibliomania (*Bibliomanie*)", (*Der neue Pitaval: Eine Sammlung der interessantesten Criminalgeschichten* [*sic*] *aller Länder aus älterer und neuerer Zeit*, Vierter Theil, Herausgegeben vom Criminaldirector [*sic*] J[ulius] E[duard] Hitzig und Dr. W. Häring (W[illibald] Alexis), Leipzig, F[riedrich] A[rnold] Brockhaus, 1843, p. 164 (exemplar digitalizado: Münchner Digitalisierungszentrum (MDZ). Digitale Bibliothek/Bayerische Staatsbibliothek (BSB)).

50. Se o mercado da bibliofilia realmente se constituiu no século XVIII, data do século XIX a institucionalização da sociabilidade bibliofílica, com o aparecimento de sociedades particularmente ativas, polivalentes e, em alguns casos, duráveis. (Yann Sordet, "Bibliophilie", *op. cit.*, p. 284).

51. Herbert Heckmann, "Magister Tinius", *op. cit.*, p. 20.

52. Impresso em Alcalá de Henares, em 1520.

53. *Verzeichniß der Bibliothek des M. Johann Georg Tinius, ehemaligen Predigers zu Poserna*, Kell, Weißenfels, 1821.

54. Herbert Heckmann, "Magister Tinius", *op. cit.*, p. 20.

55. Conforme a notação de Herbert Heckmann, a referência da citação direta é a que segue: Gustav Adolf Erich Bogeng, em *Literatur über Magister Tinius*. Contudo, ao que parece, Bogeng não possui uma obra com esse título, de modo que a referência, em nota de fim, de Heckmann, deve direcionar à parte final de seu próprio artigo, "Literatur über Magister Tinius (eine Auswahl)" ("Literatura sobre o Mestre Tinius (uma Seleção)"). Mas ali há duas obras de Bogeng (Gustav Adolf Erich Bogeng, *Umriß einer Fachkunde für Büchersammler*, Nikolaisee, s.n., 1911, III, p. 21; Gustav Adolf Erich Bogeng, *Streifzüge eines Bücherfreundes*, 1ª. parte, Weimar, s.n., 1915, pp. 170 e ss.).

56. "O catálogo do leilão, um volume *in-octavo* de 819 páginas, contém poucas reais raridades". (Herbert Heckmann, "Magister Tinius", *op. cit.*, p. 21).

57. Sebastian Vogler, "Angekauft Tiniussche Auction in Leizig...", p. 134.

58. Entre outros aspectos relacionados às transferências culturais, Frédéric Barbier recordaria que a biblioteca é, outrossim, transferidora de "modelos": modelos de organização, de gestão, de catalogação, arquitetônicos e tantos quantos se dirijam à sua existência como espaço físico. É assim que podemos observar o fenômeno de surgimento do Museu (a casa das musas, em sua etimologia), de Alexandria como modelo a ser almejado e revivido. Mas também, muito mais tarde, já chegados ao século XIX, o surgimento, difusão e desenvolvimento da biblioteconomia moderna (Frédéric Barbier, *História das Bibliotecas. De Alexandria às Bibliotecas Virtuais*, trad. Regina Salgado Campos, São Paulo, Edusp, 2018).

59. Sebastian Vogler aponta que Goethe foi responsável por um processo de reorganização da biblioteca no período em que foi supervisor, entre 1817 e 1824 (Sebastian Vogler, "Angekauft Tiniussche Auction in Leipzig...", p. 134).

60. As informações relativas aos títulos comprados para a biblioteca de Jena são de Sebastian Vogler (Sebastian Vogler, "Angekauft Tiniussche Auction in Leipzig...': Bücher aus der Bibliothek eines vermeintlichen Mörders in der Thüringer Universitäts- und Landesbibliothek Jena'", pp. 134-135).

61. Heckmann acredita na cifra aventada no *Neuen Pitaval* de sessenta mil volumes (Herbert Heckmann, "Magister Tinius", *op. cit.*, p. 20). Conforme Sebastian Vogler, as hipóteses giravam entre quarenta e sessenta mil. A segunda é a que aparece tanto no registro do processo-crime, quanto no artigo anterior de Hitzig, "Zur Lehre vom Beweise durch Anzeigen". A primeira é a cifra mencionada pelo próprio Mestre Tinius em missiva destinada ao reitor da Universidade de Berlim, datada de 18 de fevereiro de 1815 (Sebastian Vogler, "Angekauft Tiniussche Auction in Leipzig...': Bücher aus der Bibliothek eines vermeintlichen Mörders in der Thüringer Universitäts- und Landesbibliothek Jena'", p. 127). A carta foi reproduzida, ainda segundo Vogler, na obra de Hans Kasten sobre o clérigo (Hans Kasten, *Magister Johann George Tinius: Versuch einer Bibliographie mit einer Einleitung von ihm selbst und einem Vorwort nebst einer Autobibliographie*, pp. 9-12). Cumpre não olvidar que o próprio *Neuen Pitaval* apresentava pouca certeza quanto aos números. Menciona-se, de maneira um tanto secundária, é verdade, que outras fontes falariam não em sessenta mil, mas "[...] nur aus 30,000 Bänden [...]", *i.e.*, "apenas" em trinta mil volumes (*Der neue Pitaval: Eine Sammlung der interessantesten Criminalgeschichten* [sic] *aller Länder aus älterer und neuerer Zeit*, Vierter Theil, Herausgegeben vom Criminaldirector [sic] J[ulius] E[duard] Hitzig und Dr. W. Häring (W[illibald] Alexis), p. 164).

62. Sebastian Vogler, "Angekauft Tiniussche Auction in Leipzig...", p. 128.

63. É uma afirmação – ou, mais precisamente, uma acusação – do *Neuen Pitaval* a de que o tamanho da biblioteca de Tinius fazia inferir que o pastor não apenas estava muito ativo nas principais praças livreiras da Europa (Leipzig, Viena, Paris), como poderia estar a negociar com a América. Conforme o relato jurídico: "Ele [Tinius] comprava de todos os lados, espólios inteiros, nutria, assim, vívidas relações com antiquários e colecionadores de livros. Sua própria biblioteca inchou até um enorme montante para as condições de um clérigo da província, chegando à cifra de sessenta mil volumes! Conforme os boatos, ele não buscava com isso tão somente a satisfação de sua própria bibliomania, mas almejava um grande trânsito de livros com a América" (*Der neue Pitaval: Eine Sammlung der interessantesten Criminalgeschichten* [sic] *aller Länder aus älterer und neuerer Zeit*, Vierter Theil, Herausgegeben vom Criminaldirector [sic] J[ulius] E[duard] Hitzig und Dr. W. Häring (W[illibald] Alexis), pp. 156-157).

64. Apenas os livros que haviam pertencido anteriormente a Nösselt possuíam marca distintiva, uma pequena cruz em determinadas páginas selecionadas (ao que tudo indica, sempre à página 48) (Sebastian Vogler, "Angekauft Tiniussche Auction in Leipzig...", pp. 134-135).

65. Klaus Seehafer, *Magister Tinius: Lebensbild eines Verbrechers aus Büchergier*, p. 191.

SELEÇÃO BIBLIOGRÁFICA SOBRE
O MESTRE TINIUS

◆

ESCRITOS DE JOHANN GEORG TINIUS

TINIUS, Johann Georg. "Merkwürdiges und lehrreiches Leben des M. Johann Georg Tinius, Pfarrer zu Poserna in der Inspektion Weißenfels. Von ihm selbst entworfen". *In*: Herr Professor Johann Georg Eck, *Biographischen und litterarischen Nachrichten von den Predigern im Kurfürstl. Sächsischen Antheile der Grafschaft Hennenberg besonders abgedruckt.* Halle, 1813.

_____. *Biblische Prüfung von Brenneckes Beweis: Daß Jesus nach seiner Auferstehung noch 27 Jahre auf Erden gelebt.* Zeitz, 1820 [2. Auflage Bautzen 1845].

_____. *Der jüngste Tag, wie und wann er kommen wird. In physischer, politischer und theologischer Hinsicht aus der Bibel erklärt.* Zeitz, 1836.

_____. *Die Offenbarung Johannis durch Einleuchtung, Übersetzung, Erklärung allen verständlich gemacht.* Leipzig, 1839.

_____. *Sechs bedenkliche Vorboten einer großen Weltveränderung an Sonne und Erde sichtbar.* Weimar, 1837.

_____. *Merkwürdiges und lehrreiches Leben des M. Johann Georg Tinius, Pfarrers zu Poserna in der Inspektion Weißenfels.* In: *Pandaemonium: Untersuchungen und Urkunden zur Geschichte der Seele.* Hrsg. von G. A. E. Bogeng. Heidelberg, R. Weissbach, 1924.

_____. *Merkwürdiges und lehrreiches Leben des M. Johann Georg Tinius, Pfarrers zu Poserna in der Inspektion Weißenfels. Von ihm selbst entworfen.* Berlin, Frirdenauer Presse, [1989].

PEQUENA SELEÇÃO BIBLIOGRÁFICA SOBRE JOHANN GEORG TINIUS

"AMTSENTSETZUNG des M. Tinius, Pfarrers zu Poserna unter der Parochie Weißenfels, öffentlich vollstreckt am 31. März 1814 in der Kirche zu St. Nikolai zu Leipzig". *Leipziger Tageblatt* 8 (4.4.1814), Nr. 94, S. 393-395.

ARNOLD, Ernst. *Der Pfarrer und Magister Tinius, ein Raubmörder aus Büchersammelwut.* Leipzig, Reclam, s.d. [1915] (n. 5816).

BOGENG, Gustav Adolf Erich. *Streifzüge eines Bücherfreundes.* Weimar, 1915, 1. parte, pp. 170 e ss.

❦ 94 ❦

_____. *Umriß einer Fachkunde für Büchersammler*, t. III, Nikolassee (bei Berlin), M. Harrwitz, 1911, p. 21.

Breuer, Ralph-Peter. *Der Buchmörder: Die Geschichte des Pfarrers Johann Georg Tinius - eines Verbrechers aus Leidenschaft und Büchergier*. München, BookRix, 2019 [*e-book*].

Distel, Theodor. "Zur Bibliothek des Pfarrers Mg. Tinius zu Poserna". In: *Deutsche Zeitschrift für Kirchenrecht (Revista Alemã de Direito Eclesiástico)*, 3. fase, vol. 11, 1901-1902, pp. 473 e ss.

Fließ, Erich. "Das Ende des Magister Tinius". *Die Gartenlaube*, 1893, pp. 346 e ss.

Franck, L. "Ein fünfzigjähriges Menschenrätsel". *Hausblätter,* vol. III, Hrsg. Friedrich Wilhelm Hackländer & Edmund Hoefer. Stuttgart, Krabe, 1863, pp. 234 e ss. e 306 e ss.

Gurk, Paul. *Magister Tinius. Ein Drama des Gewissens*. Bremen, Bremer Schlüssel Verlag, 1946 (Bremer Liebhaber Drucke, 11).

_____. *Magister Tinius. Ein Drama des Gewissens*. Chemnitz, Adam, 1936.

Hans Kasten Papers on Johann Georg Heinrich Tinius, 1780-1953 (MS Ger 149). Houghton Library,

Harvard University. Disponível em: id.lib.harvard.edu/ead/hou02170/catalog. Acesso em: 9 jan. 2021.

HECKMANN, Herbert "Magister Tinius". In: *Merkwürdiges und lehrreiches Leben des M. Johann Georg Tinius, Pfarrers zu Poserna in der Inspektion Weißenfels Von ihm selbst entworfen,* Berlin, Friedenauer Presse, [1989].

HILDEBRANDT, Günther. "Berüchtigte Bibliophilen". *Die Bücherstube,* ano 2, caderno 2. München, 1923, pp. 51 e ss.

HOFFMANN-REICKER, Klaus. *Der Raub der Magdalena und 15 weitere authentische Kriminalfälle aus Sachsen.* Berlin, Bild und Heimat, 2017.

KASTEN, Hans. *Magister Johann George Tinius: Versuch einer Bibliographie mit einer Einleitung von ihm selbst und einem Vorwort nebst einer Autobibliographie.* Borgfeld, Bremer Liebhaber, 1944 ("In einer einmaligen Auflage von 50 Exemplaren", Kolophon; Electronic reproduction, HathiTrust Digital Library, 2020. MiAaHDL).

MICHAELIS, Alfred. "Magister Tinius, der verbrecherische Bibliophile". *Kleines Kaleidoskop für alle, die mit Büchern und Buchstaben umgehen,* 1962, pp. 53-58.

OPITZ, Detlef. *Der Büchermörder: ein Criminal.* Frankfurt am Main, Eichborn, 2005 [Romance].

SELEÇÃO BIBLIOGRÁFICA SOBRE O MESTRE TINIUS

PITAVAL, *Der neue*. Hrsg. von Julius Eduard Hitzig & Wilhelm Häring. 4. parte. 3. ed. 1871. Publicado no sexto volume de *Geschichten aus dem neuen Pitaval*. Seleção e revisão de Karl Martin Schiller. Meersburg am Bodensee, 1929.

PITAVAL, *Der neue: Eine Sammlung der interessantesten Criminalgeschichten* [sic] *aller Länder aus älterer und neuerer Zeit*. Vierter Theil. Herausgegeben vom Criminaldirector [*sic*] J[ulius] E[duard] Hitzig und Dr. W. Häring (W[illibald] Alexis), Leipzig, F[riedrich] A[rnold] Brockhaus, 1843 [exemplar digitalizado: Münchner Digitalisierungszentrum (MDZ). Digitale Bibliothek/Bayerische Staatsbibliothek (BSB)].

ROSENMÜLLER, Doutor Johann Georg. *Rede bey der öffentlichen Degradation des Pfarrers zu Poserna M. Johann Georg Tinius am 31. März 1814 in der Nikolaikirche zu Leipzig gehalten und auf Verlangen dem Druck übergeben. Nebst einem Vorbericht*. Leipzig, in der Sommerschen Buchhandlung.

RUPPELT, Georg. "Vor 150 Jahren starb Magister Johann Georg Tinius, weiland Pfarrer, Bücherfreund und Raubmörder". *Aus dem Antiquariat*, vol. 163. Nr. 86. Frankfurt am Main, Börsenblatt für den deutschen Buchhandel, 1996, pp. 426-430.

Schulte, Eduard. *"Ein Verbrecher aus Bücherwuth"*. In: *Die Gartenlaube*, 1893, pp. 76 e ss. e 88 e ss.

Schwabe, Julius. *Erinnerungen eines alten Weimaraners aus der Goethezeit*. Frankfurt am Main, Moritz Diesterweg, [1906].

Seehafer, Klaus. *Magister Tinius: Lebensbild eines Verbrechers aus Büchergier*. Mainz, Verlag André Thiele, 2013. 320 p.

Stockhorst, Stefanie. "Inszenierte Spurensuche. Detlef Opitz' Roman 'Der Büchermörder' und die Literatur über den Kriminalfall des Johann Georg Tinius". In: *Text + Kritik: Zeitschrift für Literatur*. V/14. Sonderband *Kriminalfallgeschichten*. Herausgegeben von Alexander Košenina. München, edition text+kritik; Richard Boorberg Verlag, 2014, pp. 211-224.

Vogler, Sebastian. "'Angekauft Tiniussche Auction in Leipzig...': Bücher aus der Bibliothek eines vermeintlichen Mörders in der Thüringer Universitäts- und Landesbibliothek Jena". *Archiv für Geschichte des Buchwesens*. Bd. 67. Hrsg. von Ursula Rautenberg und Ute Schneider Berlin/Boston, De Gruyter, 2012.

SOBRE OS AUTORES

Lincoln Secco nasceu em São Paulo em 1969. É professor livre-docente de História Contemporânea na Universidade de São Paulo e autor, entre outras obras, de *A Batalha dos Livros: Formação da Esquerda no Brasil* e *História do PT*, ambos pela Ateliê Editorial.

Marisa Midori Deaecto é professora livre-docente em História do Livro da Escola de Comunicações e Artes (ECA-USP) e doutora *Honoris Causa* pela Universidade Eszterházy Károly, Eger (Hungria). *Império dos Livros – Instituições e Práticas de Leituras na São Paulo Oitocentista* (Edusp/Fapesp, 2011), reeditado em 2019, recebeu o prêmio Jabuti da CBL (1º lugar em Comunicação) e o Prêmio Sérgio Buarque de Holanda, outorgado pela Fundação Biblioteca Nacional do Rio de Janeiro na categoria melhor ensaio social. Publicou, recentemente, *História de um Livro. A Democracia na França, de François Guizot* (Ateliê Editorial, 2021).

Felipe Castilho de Lacerda possui bacharelado e licenciatura em História pela Universidade de São Paulo (2013), título de mestre pelo Programa de História Econômica da USP, onde cursa o Doutorado com estágio de investigação na Universität Hamburg (2020). Foi bolsista DAAD para formação em língua alemã em Berlim (2018) e realizou estágio de pesquisa no Ibero-Amerikanisches Institut de Berlim, na função de *Gastwissenschaftler* (2018). É autor de *Octávio Brandão e as Matrizes Intelectuais do Marxismo no Brasil* (Ateliê Editorial, 2019) e tradutor das obras de Nikolai Kondratiev, *As Ondas Longas da Conjuntura* (Com-Arte, 2018) e de Ulrike Meinhof, *É Claro que se Pode Atirar Neles* (Maria Antonia, 2021). Membro do GMarx-USP.

Coleção Bibliofilia

1. *A Sabedoria do Bibliotecário* – Michel Melot
2. *O Que é um Livro?* – João Adolfo Hansen
3. *Da Argila à Nuvem: Uma História dos Catálogos de Livros (II Milênio – Século XXI)* – Yann Sordet
4. *As Paisagens da Escrita e do Livro – Uma Viagem Através da Europa* – Frédéric Barbier
5. *Bibliofilia e Exílio: Mikhail Ossorguin e o Livro Perdido* – Bruno Barretto Gomide (org.)
6. *A Vida Notável e Instrutiva do Mestre Tinius* – Johann Georg Tinius
7. *Os Admiradores Desconhecidos de La Nouvelle Héloïse* – Daniel Mornet
8. *As Bibliotecas Particulares do Imperador Napoleão* – Antoine Guillois

Título	*A Vida Notável e Instrutiva do Mestre Tinius*
Autor	Johann Georg Tinius
Editor	Plinio Martins Filho
Apresentação	Lincoln Secco
Posfácio	Marisa Midori Deaecto e
	Felipe Castilho de Lacerda
Tradução	Maila Karen Thielen Reisewitz
Revisão	Marisa Midori Deaecto
	Felipe Castilho de Lacerda
	Simone Oliveira
Produção editorial	Millena Machado
Capa	Gustavo Piqueira e
	Samia Jacintho/Casa Rex
Editoração eletrônica	Victória Cortez
Formato	10 × 15 cm
Tipologia	Aldine 401 BT
Papel de miolo	Chambril Avena 90 g/m^2
Número de páginas	104
Impressão do miolo	Lis Gráfica
Impressão da capa	Oficinas Gráficas da Casa Rex